Lektion 1:	Kommunikation	Grammatik	Texte, Spiele, Lieder Seite 8
Ich will Tennisspielerin werden	• Was willst du werden? – Ich will Manager werden. • Was macht eine Ärztin? – Sie untersucht Patienten. • Wie ist die Arbeit eines Kochs? – Die Arbeit eines Kochs ist interessant. • Weißt du, dass Tina Tennisspielerin werden will? • Wem gehört das? • Wer verdient am meisten?	• Genitiv • Nebensatz mit *dass*	• Berufe raten • Umfrage in der Klasse

Lektion 2:			Seite 16
Was wirst du dann machen?	• Ich werde mehr für die Schule lernen. • Was wirst du nach der Schule machen? – Ich werde ein Fest geben. • Im Jahr 2050 werden die Menschen länger leben. • Elena ist optimistischer als Silvia.	• Futur: Vorsätze, Zukunft, Prognosen • Komparativ und Superlativ (Adjektiv, Adverb)	• Ein Test: Was wird im Jahr 2050 sein? • Interviews: Unsere Pläne • Schulen • Praktikum in einem Restaurant

Lektion 3:			Seite 22
Eine Sprachreise nach England	• Diskussion: Eine Sprachreise – Was ist das? • Darf ich nach England fahren? – Wenn du versetzt wirst, darfst du fahren. • Was nimmst du mit, wenn du nach England fährst? • Warum fährst du nach Deutschland? – Ich fahre nach Deutschland, um Deutsch zu lernen.	• Nebensatz mit *wenn*: konditional, temporal • Nebensatz mit *um … zu*	• Europa-Sprachreisen • Ein Brief aus England • Im Reisebüro: Herr Meier erkundigt sich nach einer Sprachreise. • Lied: *Das Fremdsprachenlied* • Herr Lange lernt Englisch. • Assoziationen

Wir trainieren …   Seite 30

• hören: Interviews: Welche Antworten stimmen?
• lesen: Anzeigen am „Schwarzen Brett": Anzeige auswählen und berichten; Leserbriefe: Was stimmt?; Anzeigen zuordnen
• schreiben: Gemeinsam Deutsch lernen – Antwortschreiben
• sprechen: Minidialoge mit Karten; Gemeinsam eine Klassenparty organisieren

Grammatik   Seite 38

1. Genitiv • 2. Nebensatz mit *dass* • 3. Zukunft • 4. Das Verb *werden* und was es alles kann • 5. Vergleiche: Komparativ und Superlativ • 6. Nebensatz mit *wenn* • 7. Nebensatz mit *um … zu*

Teste dein Deutsch: Wortschatz und Grammatik   Seite 44

Lektion 1:	Kommunikation	Grammatik	Texte, Spiele, Lieder Seite 46
Wie hast du Mutti kennengelernt?	• Diskussion: Wie haben sich Herr und Frau Weigel kennengelernt? • Wie hast du Mutti kennengelernt? – Wir haben uns durch eine Anzeige kennengelernt. • Wo warst du im Jahr 1999? – Ich war damals in Spanien. • Stimmt es, dass du Vati durch eine Anzeige kennengelernt hast?	• Das Perfekt (2): unregelmäßige Verben • Das Präteritum von *sein* • Nebensatz mit *dass* (Perfekt)	• So haben wir uns kennengelernt. • Lebenslauf (tabellarisch) • Eine Postkarte aus dem Urlaub • Interview mit Frau Weigel
Lektion 2:			Seite 52
Wie war es damals?	• Hattest du Streit mit der Oma? • Damals durfte ich abends nicht weggehen. • Mit 15 wollte ich nicht mehr in die Schule gehen. • Was musstest du machen, als du klein warst? – Als ich klein war, musste ich immer früh schlafen gehen.	• Präteritum von *sein* und *haben* • Präteritum der Modalverben • Nebensatz mit *als*	• Eine persönliche Geschichte erzählen: *Als ich ...* • Elsa Schulze erinnert sich an ihren ersten Schultag. • Mein erster Schultag • Interview: Erinnerungen • Der Lügenbaron
Lektion 3:			Seite 57
Es war einmal ...	• Erkennst du das Märchen? • Es war einmal ein kleines Mädchen ... • Jetzt bist du dran: Erzähl!	• Präteritum: regelmäßige und unregelmäßige Verben	• Märchen: *Rotkäppchen* • Memory mit Verben • Theater spielen • *Rothelmchen*: Ein Märchen erfinden • Ein Zeitungstext

Wir trainieren ... Seite 64

• hören: Geschichte, Interview, Gespräch: Verstehensstrategien
• lesen: Ein Zettel im Supermarkt: Was stimmt?; In kurzen Leserbriefen Meinungen erkennen
• schreiben: Auf einen Leserbrief antworten; Auf eine Anzeige am „Schwarzen Brett" antworten
• sprechen: Minidialoge mit Karten; Gemeinsam eine Sprachreise planen

Grammatik Seite 70

1. Das Perfekt (2) • 2. Das Präteritum • 3. Nebensatz mit *dass* (Perfekt) • 4. Nebensatz mit *als*

Teste dein Deutsch: Wortschatz und Grammatik Seite 74

Lektion 1:	Kommunikation	Grammatik	Texte, Spiele, Lieder　Seite 76
Was für ein Typ ist Thomas?	• Was für ein Typ ist er? – Er ist ein netter Typ. • Wie sieht er aus? – Er hat ein ovales Gesicht, eine gerade Nase, ... • Was für ein Sternzeichen bist du? – Ich bin Krebs und ein sehr sensibler Mensch.	• Adjektiv als Attribut: - mit bestimmtem Artikel - mit unbestimmtem Artikel - Nominativ, Akkusativ • Fragewort: *Was für ein / eine ...?*	• Wer ist das? Spiel mit. • Julia beschreibt ihre neue Freundin. • Das ist Stefanie. • Lied: *Hast du den Mann da gesehen?*

Lektion 2:			Seite 84
Was soll ich anziehen?	• Was soll ich anziehen? – Ich würde den neuen Rock anziehen. • Wie findest du das blaue Kleid? – Das blaue Kleid finde ich elegant. • Diskussion: Findest du, dass Mode wichtig ist?	• Adjektiv als Attribut: - mit bestimmtem Artikel - mit unbestimmtem Artikel - Nominativ, Akkusativ • Fragewort: *Welcher, welche, welches ...?* • Konjunktiv II: *würde* + Infinitiv	• Interview mit Timo, dem Punker • Meinungen zum Thema Mode • Diskussion über Mode • Kreuzworträtsel

Lektion 3:			Seite 91
Verstehst du dich gut mit deinen Eltern?	• Hast du ein gutes Verhältnis zu deinen Eltern? – Mit meinem Vater, der tolerant ist, verstehe ich mich sehr gut. • Ist Thomas sympathisch? – Er ist der netteste Junge, den ich kenne. • Was soll ich tun? – Wenn ich du wäre, würde ich mit meiner Mutter sprechen. Du solltest früher nach Hause kommen.	• Das Relativpronomen (Nominativ, Akkusativ) • Der Relativsatz • Konjunktiv II: *sein, haben*, Modalverben	• Thema: Kinder und Eltern • Streit mit den Eltern

Wir trainieren ...　　　　Seite 96

• hören: Zwei Jugendliche erzählen; Eine Radiosendung; Gespräch: Welche Antwort stimmt?
• lesen: Zwei Anzeigen am „Schwarzen Brett": Hypothesen bilden
• schreiben: Auf einen Leserbrief antworten
• sprechen: Minidialoge mit Karten; Gemeinsam etwas planen

Grammatik　　　　Seite 102

1. Adjektiv beim Substantiv / Adjektiv als Attribut • 2. Fragewörter: *Was für ein / eine ...? Welcher, welche, welches ...?* • 3. Konjunktiv II • 4. Relativpronomen und Relativsatz

Teste dein Deutsch: Wortschatz und Grammatik　　　　Seite 108

Lektion 1:	Kommunikation	Grammatik	Texte, Spiele, Lieder Seite 110
Was tust du für die Umwelt?	• Bist du umweltbewusst? • Lässt du dich mit dem Auto zur Schule fahren? – Nein, statt mit dem Auto zu fahren, benutze ich den Bus. • Ich habe gefragt, ob ihr Bioprodukte kauft.	• statt ... *zu* + Infinitiv • *stattdessen* • Fragen im Nebensatz (Indirekte Fragen)	• Umwelttest • Umfrage in der Klasse • Sachtexte über alternative Energiequellen

Lektion 2:			Seite 117
Tina engagiert sich für ...	• Wo und wie kann man sich engagieren? – Man kann z.B. anderen Leuten helfen. Ein Freund von mir kümmert sich um behinderte Kinder. • Wofür interessierst du dich? – Ich interessiere mich für Umweltschutz.	• Verben mit Präposition(en) • Fragen: *Für wen? Mit wem?* usw. • Fragewörter: *Womit? Wofür? Worauf?* usw. • Antwort: *damit, dafür, darauf*	• Was ist eine Solidar-AG? • Was macht ihr in der Solidar-AG? • Diskussion • Das Freiwillige Soziale Jahr (Internet) • Schriftliche Anfrage • Interviews

Lektion 3:			Seite 123
Wie entsteht eine Schülerzeitung?	• Was zeigt die Statistik? – Die Statistik zeigt, dass ... • Wie war das früher? – Generell wurde früher mehr gelesen. • Wir machen eine Schülerzeitung. Wer macht mit? • Wie entsteht eine Zeitungsnummer? – Zuerst werden die Artikel geschrieben.	• Passiv: Präsens, Präteritum, Perfekt • Passiv – Aktiv	• Statistik (Grafik) • Statistik (Text) • Die Meinung einer Expertin • Werbung für eine Schülerzeitung • Produktionsplan der Schülerzeitung • Erfindungen • Interviews • Diskussion

Wir trainieren ... — Seite 130

• hören: Radiosendung: Worum geht es? Was stimmt? – Fünf kurze Texte: Genau hören
• lesen: Fünf Texte, acht Überschriften: Welche Überschrift passt zu welchem Text?
• schreiben: Anfrage zum Thema Sprachreise beantworten; Anfrage zum FSJ (Freiwilliges Soziales Jahr)
• sprechen: Ein Thema präsentieren und darüber sprechen

Grammatik — Seite 136

1. *statt ... zu* + Infinitivsatz / *stattdessen* • 2. Fragesätze im Nebensatz / Indirekte Fragen • 3. *Für wen? Mit wem? – Wofür? Womit?* • 4. Verben mit Präposition(en) • 5. Passiv – Aktiv

Teste dein Deutsch: Wortschatz und Grammatik — Seite 141

Lösungen: Teste dein Deutsch — Seite 142

Trackliste Audios — Seite 143

Du lernst ...

- **Bezeichnung für Berufe**
- **Personen nach ihrem Beruf fragen**
- **Dinge und Menschen vergleichen**
- **über deine Zukunftspläne sprechen**
- **deine Absichten ausdrücken**
- **gute Vorsätze ausdrücken**
- **Prognosen für die Zukunft formulieren**
- **Schultypen benennen**
- **eine Sprachreise planen**
- **einen Prospekt über Sprachreisen verstehen**
- **ein Lied auf Deutsch**

- **fragen**
  Was willst du einmal werden?
  Was macht denn ein Manager?
  Was wirst du nach der Schule machen?
  Wie werden die Menschen im Jahr 2050 leben?
  Was machen wir, wenn das Wetter schön ist?

  Wann treffen wir uns?
  Warum möchtest du nach England fahren?

- **auf Fragen antworten**
  Ich möchte Manager werden.
  Er leitet eine Firma.
  Ich werde ein Fest geben.

  Sie werden vielleicht mehr Freizeit haben.
  Wenn das Wetter schön ist, machen wir einen Ausflug, wenn nicht, bleiben wir zu Hause.
  Wenn die Schule aus ist.
  Um mein Englisch zu verbessern.

Ich will Tennisspielerin werden

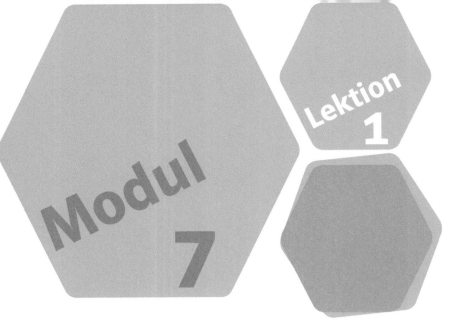

> Tina, sag mal, hast du schon Pläne für die Zukunft? Was willst du werden?

> Und was sagen deine Eltern?

> Mein Traum ist, Tennisspielerin zu werden. Ich spiele schon seit einigen Jahren und möchte mein Hobby zum Beruf machen.

> Na ja, für sie ist Tennis nur ein Hobby, kein Beruf.

1 Was fragt die Reporterin? Was antwortet Tina? Hör zu! ▶01

2 Was hast du verstanden?

Die Reporterin möchte wissen, ...

a. was Tina morgen macht.
b. was Tina im nächsten Jahr macht.
c. welchen Beruf Tina lernen möchte.

Tina sagt, ...

a. dass sie immer vom Tennisspielen träumt.
b. dass Tennisspielen nur ein Hobby für sie ist.
c. dass sie Tennisspielerin werden möchte.

3 Lies und ergänze dabei.

Bausteine

● Tina, **was** willst du **werden**?
● Ich ... Tennisspielerin ... .

4 Welcher Beruf ist das? Ordne zu.

a. Lehrer	d. Koch	g. Krankenpflegerin	j. Bankangestellte
b. Automechaniker	e. Frisör	h. Sängerin	k. Gärtner
c. Programmierer	f. Ärztin	i. Fabrikarbeiterin	l. Model

1	2	3	4
...	...	...	...

5 Zur Kontrolle: Hör zu und sprich nach. ▶02

6 Berufe: weiblich, männlich. Lies laut.

Er ist Arzt.	Sie ist Ärztin.
Er ist •••.	Sie ist Köchin.
Er ist Bankangestellter.	Sie ist •••.
Er ist Tierpfleger.	Sie ist Tierpflegerin.
•••	Sie ist Sängerin.
•••	Sie ist Frisörin.
Er ist Gärtner.	•••
Er ist Fabrikarbeiter.	•••
Er ist Manager.	•••
•••	Sie ist Sportlerin.

AB S. 5: Ü. 1

7 Erkennst du den Beruf? Schreib die Antworten in dein Heft. ▶03–08

Nr. 1 ist •••   Nr. 2 ist •••   Nr. 3 ist •••

Nr. 4 ist •••   Nr. 5 ist •••   Nr. 6 ist •••

8 Reihenübung. Fragt und antwortet.

→ Was willst du werden? → Ich will Manager werden. Und du? Was willst du werden? → Ich will Tierpflegerin werden. Und du? Was willst du werden? → Ich will ...

9 Wer will was werden? Macht eine Umfrage in der Klasse.

> Was willst du einmal werden?

Lehrer/in	XXXX	Sänger/in
Automechaniker/in		Tierpfleger/in
Programmierer/in	**?**	Bankangestellte/r
Koch/Köchin		Gärtner/in
Frisör/in		Model
Arzt/Ärztin		Manager/in
Krankenpfleger/in		Sportler/in
	•••	

Berichtet: Vier Schülerinnen möchten Lehrerin werden. ...

10 Wer ist das?

1	2	...
b	...	...

Er / Sie ...

1. leitet eine Firma.   a. Sekretärin   b. Manager   c. Angestellter

2. untersucht Patienten.   a. Tierpflegerin   b. Krankenpfleger   c. Arzt

3. arbeitet im Büro.   a. Sekretärin   b. Lehrerin   c. Frisör

4. repariert Autos.   a. Gärtner   b. Arbeiterin   c. Automechaniker

5. gibt Konzerte.   a. Sängerin   b. Sportler   c. Model

6. korrigiert Hausaufgaben.   a. Koch   b. Managerin   c. Lehrer

7. arbeitet am Computer.   a. Managerin   b. Programmierer   c. Sportler

8. kocht im Restaurant.   a. Frisörin   b. Gärtner   c. Köchin

9. züchtet Blumen.   a. Sportlerin   b. Gärtner   c. Model

10. nimmt an Modenschauen teil.   a. Model   b. Frisör   c. Sportler

11 Übt zu zweit.

- Was macht ein Gärtner?
- Er züchtet Blumen.

AB S. 6: Ü. 2, 3

12 Wie findest du diese Berufe?

Ich finde die Arbeit	einer eines eines	Kochs Verkäuferin Fußballspielers Schauspielerin Busfahrers Models	schwer. anstrengend. gut bezahlt. schlecht bezahlt. lustig. kreativ. interessant. uninteressant. spannend. monoton.

13 Übt zu zweit. Bildet weitere Dialoge.

- Findest du die Arbeit eines Lehrers / einer Lehrerin interessant?
- Ja, die Arbeit eines Lehrers / einer Lehrerin finde ich interessant.
- Nein, die Arbeit eines Lehrers / einer Lehrerin finde ich nicht interessant.

Grammatik

Genitiv

m	Die Arbeit eines Lehrers	Das Auto des Mechanikers
f	einer Sekretärin	der Managerin
n	eines Models	des Models
Plural		der Eltern

Achtung: Die Arbeit eines Arztes, das Dach des Hauses

14 Gegenstände, Werkzeuge: Wem gehört das?

der Topf

der Schrauben-
schlüssel

Grammatik

Das ist Stefan**s** Fußball / der Fußball **von** Stefan.
Das ist der Fußball **des** Fußballspiel**ers**.
Das ist das Handy **des** Journalist**en**.

Stefan

der Manager / die Managerin

der Arzt / die Ärztin

der Fußballspieler /
die Fußballspielerin

das Model

der Journalist /
die Journalistin

Tina

der Koch / die Köchin

die Sekretärin

der Ingenieur /
die Ingenieurin

der Deutschlehrer /
die Deutschlehrerin

der Automechaniker /
die Automechanikerin

Frau Weigel

Übt zu zweit.

Beispiel:
● Wem gehört das Buch?
● Das ist das Buch der Deutschlehrerin.

AB S. 6-7: Ü. 4, 5

15 Was ist das? Übt zu zweit.

Beispiel:
● Ist das das Handy des Journalisten?
● Nein, das ist das Handy eines Managers.

AB S. 7-8: Ü. 6, 7

16 Was sagen sie? Hör zu. ▶09

Markus, weißt du, dass Tina Tennisspielerin werden will?

Ja, und ich weiß auch, dass deine Eltern davon nicht sehr begeistert sind.

Grammatik

dass ... ⟶ Verb ist am Ende!

17 Lies und ergänze dabei.

Bausteine

Stefan: Markus, **weißt du, dass** ... .
Markus: Ja, und **ich weiß** auch, ... deine Eltern davon nicht begeistert ... .

18 Weißt du, dass ...?

- Weißt du, dass Stefan gut Fußball spielt?
- Ja, und ich weiß auch, dass er Fußballspieler werden will.

Ebenso mit:

Lena – gern mit dem Computer spielen
Ben – Mathe mögen
Martin – gern kochen

Eva – eine gute Aussprache haben
Anna – gut singen
Jakob – Motoren mögen

19 Die Top-Berufe: Macht eine Umfrage in der Klasse.

Wer verdient am meisten?
Wer verdient am wenigsten?

Wer arbeitet am meisten?
Wer arbeitet am wenigsten?

Wer hat am meisten Spaß?
Wer hat am wenigsten Spaß?

Wer hat am meisten Freizeit?
Wer hat am wenigsten Freizeit?

Filmschauspielerin
Zahnarzt
Hausfrau
Fabrikarbeiter
Managerin
Lehrer
Busfahrer
Rennfahrer
Fußballspieler

Berichtet: (Sechs) Schüler meinen, dass ein Fußballspieler am meisten verdient.
(Vier) Schüler meinen, dass ...

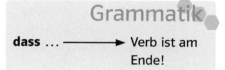

AB S. 8-9: Ü. 8, 9, 10

20 Ich habe gesagt, dass ...

● Markus fängt eine Lehre als Automechaniker an.
● Wie bitte? Was hast du gesagt?
● Ich habe gesagt, dass Markus eine Lehre als Automechaniker anfängt.

Ebenso mit:

Frau Weigel ruft den Arzt an.
Tina will Tennisspielerin werden.
Brigitte spricht perfekt Französisch.
Herr und Frau Weigel fahren nächste Woche nach Griechenland.
Herr und Frau Weigel kommen übernächste Woche zurück.

▶ AB S. 9: Ü. 11

21 Was macht ein Fahrradkurier? Sammelt Ideen in der Klasse.
Lest dann den Text und vergleicht.

Fahrradkurier

Ein Job für sportliche Typen: Fahrradkurier
Man sieht sie durch die Stadt radeln. Sie fahren sehr schnell,
aber sie sind keine „normalen" Radfahrer. Sie sind Fahrradkuriere.
Rund 20 Kuriere – Studenten oder Schüler – radeln durch Freiburg.
Auf ihrem Rucksack liest man: „Cityexpress: schnell und zuverlässig. Tel. 72691".
Michael ist 18 und braucht Geld, weil er einen Laptop kaufen will.
Also jobbt er in den Sommerferien als Fahrradkurier.
Aber was transportiert ein Fahrradkurier?
Alles, was nicht zu schwer ist (maximal 8 kg) und in den Rucksack passt.
Es sind meistens Briefe, Dokumente, ...
Michael fährt jeden Tag ca. 50 km und verdient 50 – 65 Euro. Das ist zwar nicht sehr viel für
einen anstrengenden Tag, aber „Radfahren ist meine große Leidenschaft", sagt er, „und
wenn ich denke, dass ich beim Radfahren auch ein bisschen Geld verdiene, dann finde ich
diesen Job einfach super!"

Was stimmt?

1. Fahrradkuriere sind ganz normale Radfahrer.

2. Michael jobbt für Cityexpress in Freiburg.

3. Michael ist Schüler.

4. Ein Fahrradkurier transportiert nur Briefe.

5. Michael fährt jeden Tag 30 – 35 km.

6. Radfahren ist Michaels Hobby.

22 Interview mit Michael.
Bereitet das Interview zu zweit vor. Spielt es dann in der Klasse.

● Michael, du jobbst als Fahrradkurier. Warum denn?
● ...

▶ AB S. 9-10: Ü. 12

Wortschatz wiederholen!

23 Was passt zusammen?

1. der Sänger	a. der Patient
2. die Modenschau	b. die Firma
3. die Ärztin	c. das Restaurant
4. der Manager	d. die Oper
5. die Köchin	e. das Model

6. der Fußballspieler	f. das Geld
7. der Automechaniker	g. Ferrari
8. die Bankangestellte	h. die Schule
9. der Rennfahrer	i. die Bundesliga
10. die Direktorin	k. die Bremse

1	2	...
...	...	...

► AB S. 10-11: Ü. 13, 14, 15, 16

▶11 # Aussprache! Hör gut zu und sprich nach!

Wörter aus anderen Sprachen:

der Job	jobben	der Computer	computern
der PC	die CD	der CD-Player	der Laptop
das Internet	surfen	der Manager	das Model

Du kannst ...

nach dem Beruf fragen	*auf Fragen antworten*	
Was willst du einmal werden?	Ich möchte Schauspieler / Managerin / ... werden.	✓
Was macht denn eine Managerin?	Sie leitet eine Abteilung / eine Firma.	✓
Wie ist die Arbeit eines Managers?	Sie ist auf jeden Fall gut bezahlt.	✓
	... ...	
spezifizieren	Das Leben eines Rennfahrers ist gefährlich, das Leben einer Hausfrau auch.	✓
	... ...	
fragen	Weißt du, dass Lisa krank ist?	✓
bestätigen	Ich habe gehört, dass Lisa krank ist.	✓

► AB S. 12: Ü. 17, 18

Was wirst du dann machen?

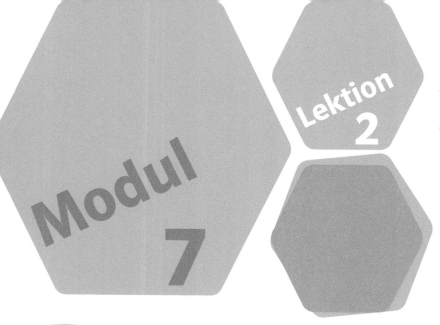

Vati, du musst mein Zeugnis unterschreiben.

Was? Schon wieder eine Fünf in Mathe? Stefan, du musst mehr lernen!

Ja, ja, das werde ich tun. Und ich werde auch nachmittags nicht mehr so oft weggehen.

1 Schau die Bilder an.

Herr Weigel sieht ziemlich unzufrieden aus. Warum? Was glaubst du?

2 Hör zu. Was stimmt?  ▶12

a. Stefan ist sehr gut in Mathe.

b. Stefan hat eine Fünf in Mathe.

c. Stefan wird nachmittags oft weggehen.

d. Stefan wird nachmittags nicht mehr so oft weggehen.

3 Gute Vorsätze: Was wirst du tun?

Schreib einen guten Vorsatz auf einen Zettel. Zum Beispiel:

Am Wochenende werde ich mein Zimmer aufräumen.

Sammelt die Zettel ein, hängt sie an die Wand oder an die Tafel und vergleicht:
Aha, Alicia wird ... ; Ben wird ...

4 Und was wird Tina machen? Hör zu.   ▶13

> Tina, was
> wirst du nach der Schule
> machen?

> Ich werde zunächst ein
> Fest geben. Dann werde ich eine große
> Reise machen: nach Rom, Paris oder nach
> London ... Und dann werde ich mich aufs Tennis
> konzentrieren. Ich werde sehr intensiv
> trainieren.

5 Lies und ergänze dabei.

Bausteine

Reporterin: Tina, was **wirst** du nach der Schule **machen**?
Tina: Ich ... zunächst ein Fest ... .
             Dann ... ich eine große Reise ... : Rom, Paris ... .
             Und dann ... ich mich aufs Tennis ... .
             Ich ... sehr intensiv ... .

6 Was wird Tina nach der Schule machen? Erzähl.

7 Stefan und Tina feiern das Ende des Schuljahres.
Was werden sie machen?

eine große Party geben

Ebenso mit:

viele Freunde einladen
essen und trinken
den ganzen Nachmittag spielen
Spaß haben
...

> Sie werden eine
> große Party geben.

Grammatik

ich	werde
du	wirst
er, sie es	wird
wir	werden
ihr	werdet
sie, Sie	werden

8 Was wirst du nach der Schule machen?

↝ Was wirst du nach der Mittelschule machen? → Ich werde das Gymnasium besuchen. Und du? Was wirst du nach der Mittelschule machen? → Ich werde …

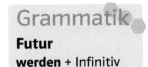

Grammatik

Futur
werden + Infinitiv

das Gymnasium

die Handelsschule

die Berufsschule

die technische Schule

die Musikhochschule

die Kunstakademie

9 Was wird im Jahr 2025 passieren? Bilde Sätze.

April 2025

14

Montag

Im Jahr 2025	werde wird werden	mein Bruder ich meine Eltern Stefan Tina die Weigels	als Tennislehrerin arbeiten. reich sein. als … arbeiten. in Berlin wohnen. perfekt Englisch sprechen. allein leben. verheiratet sein. zwei Kinder haben. auf einer Trauminsel leben.

10 Reihenübung: Fragt und antwortet.

↝ Was wirst du im Jahr 2025 machen? → Ich werde …

AB S. 13-15: Ü. 1, 2, 3, 4, 5, 6

11 Bist du optimistisch oder pessimistisch? Ein Test.

Was wird im Jahr 2050 sein?	Ja	Nein	Weiß nicht
	••• (2 *Punkte*)	••• (0 *Punkte*)	••• (1 *Punkt*)
1. Wird man länger jung bleiben?	••• (2 *Punkte*)	••• (0 *Punkte*)	••• (1 *Punkt*)
2. Wird alles besser sein?	••• (2 *Punkte*)	••• (0 *Punkte*)	••• (1 *Punkt*)
3. Werden die Menschen glücklicher sein?	••• (2 *Punkte*)	••• (0 *Punkte*)	••• (1 *Punkt*)
4. Werden die Menschen älter werden?	••• (2 *Punkte*)	••• (0 *Punkte*)	••• (1 *Punkt*)
5. Wird es weniger Krankheiten geben?	••• (2 *Punkte*)	••• (0 *Punkte*)	••• (1 *Punkt*)
6. Wird die Welt schöner sein?	••• (2 *Punkte*)	••• (0 *Punkte*)	••• (1 *Punkt*)
7. Wird die Umwelt verschmutzter sein?	••• (0 *Punkte*)	••• (2 *Punkte*)	••• (1 *Punkt*)
8. Wird das Ozonloch größer sein?	••• (0 *Punkte*)	••• (2 *Punkte*)	••• (1 *Punkt*)
9. Werden die Menschen mehr Freizeit haben?	••• (2 *Punkte*)	••• (0 *Punkte*)	••• (1 *Punkt*)
10. Wird das Leben hektischer sein?	••• (0 *Punkte*)	••• (2 *Punkte*)	••• (1 *Punkt*)

Wie viele Punkte hast du?	
16-20 Punkte:	Du bist sehr optimistisch.
13-15 Punkte:	Du bist ziemlich optimistisch.
10-12 Punkte:	Du bist ziemlich pessimistisch.
8-9 Punkte:	Du bist sehr pessimistisch.
weniger als 8 Punkte:	Du siehst immer schwarz!

12 Wer ist optimistisch? Wer ist pessimistisch? Macht eine Umfrage in der Klasse.

Laura hat 20 Punkte.
Sie ist am optimistischsten.

Frederik hat 19 Punkte.
Er ist optimistischer
als Andreas.

Und wer ist am
pessimistischsten?

Mikos ist am
pessimistischsten.
Er hat nur 9 Punkte.

Berichtet: Vier Schüler sind (sehr) …, drei sind …

13 Komparativ und Superlativ: Ergänze die Formen. Arbeitet zu zweit: Du sagst die Formen, dein Partner kontrolliert (Seite 41). Schreib die Tabelle dann in dein Heft.

	Komparativ	**Superlativ**
lang	länger	am längsten
alt	...	am ältesten
groß	...	am größten
jung	jünger	...
glücklich	...	am glücklichsten
wenig	...	...
schön	...	...
hektisch	...	...
optimistisch	...	...
pessimistisch	...	...
viel	...	am meisten
gut	...	am besten

14 Vergleicht in der Klasse.

Wer ist besser in Sport / Mathe / Englisch / Musik / Deutsch / ... ?
Wer ist am besten?

Wer ist älter / jünger – am ältesten / ... ?
Wer hat mehr Haustiere?
Wer hat am meisten?
Wer ist kleiner / größer – am ... ?
Wer lacht viel / mehr ... ?

Noch mehr Adjektive: musikalisch, sportlich, lustig, streng, fit, ...

> Paul ist gut in Englisch, aber Jakob ist besser.

> Ja, aber Alina ist am besten!

15 Berühmte Leute. Wer ist ... älter / klüger ... als ... ? Wer ist am ... ?

Beispiel: Zac Efron ist älter als Justin Bieber. Brad Pitt ...

| Justin Bieber   Zac Efron |
| Scarlett Johansson |
| Brad Pitt   Serena Wiliams |
| Rihanna   Lady Gaga |
| Bastian Schweinsteiger   Lionel Messi |
| (*Personen aus deinem Land*) |

hübsch   klug   dumm
schön   dynamisch
toll   modern   elegant
stark   lustig
intelligent   blöd   alt
langweilig ...

AB S. 16 - 18: Ü. 7, 8, 9, 10, 11

16 Zwei Interviews: Was sind eure Pläne? ▶14/15
Schreib die Informationen in dein Heft.

1. Wie alt ist Eva?
   ? 15.
   ? 16.
   ? 17.

2. Welche Schule besucht sie?
   ? Hauptschule.
   ? Realschule.
   ? Gymnasium.

3. In welcher Klasse ist sie?
   ? 10A.
   ? 11B.
   ? 11C.

4. Was möchte Eva nach der Schule machen?
   ? Sie möchte Englischlehrerin werden.
   ? Sie möchte Anglistik studieren.
   ? Sie möchte Fremdsprachen-
   korrespondentin werden.

1. Wie alt ist Lorenz?
   ? 14.
   ? 15.
   ? 16.

2. Welche Schule besucht er?
   ? Hauptschule.
   ? Realschule.
   ? Gymnasium.

3. Was möchte er werden?
   ? Koch.
   ? Programmierer.
   ? Automechaniker.

4. Was wird Lorenz machen?
   ? Er wird eine Lehrstelle suchen.
   ? Er wird eine Berufsschule besuchen.
   ? Er wird ein Praktikum machen.

> **AB S. 18-19: Ü. 12, 13**

Du kannst ...

Zukünftiges ausdrücken	Ich werde eine Reise machen.	✓
	Ich werde das Gymnasium besuchen.	✓
	... ...	
über deine Pläne sprechen	Ich werde mehr für die Schule lernen.	✓
	Ich werde nicht so oft weggehen.	✓
	... ...	
Prognosen formulieren	Im Jahr 2025 wird mein Bruder studieren.	✓
	Im Jahr 2050 werden die Menschen länger arbeiten.	✓
	... ...	
Menschen / Sachen vergleichen	Elena ist optimistischer als Silvia.	✓
	Am optimistischsten aber ist Laura.	✓

> **AB S. 19-20: Ü. 14, 15, 16, 17**

Modul 7

Lektion 3

Eine Sprachreise nach England

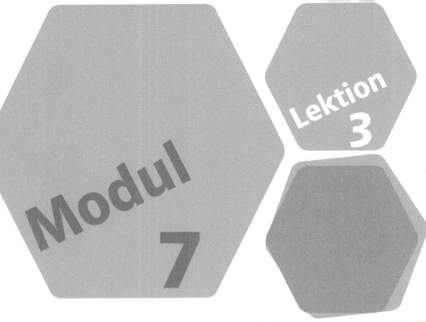

1 Eine Sprachreise: Was ist das? Diskutiert in der Klasse.

2 Erzählt in der Klasse.
- Wer möchte eine Sprachreise machen?
  Welche Sprache? Wann? Wohin?
- Wer hat schon eine Sprachreise gemacht?
  Wo war das? Wann war das? Wie war das?

Wer?
Wozu?
Wohin?
Wie lang

Kosten?
Unterkunft?
Unterricht?

3 Ein Prospekt.

Europa-Sprachreisen

Die Reise

Schon die Reise nach England oder Frankreich ist ein Erlebnis. Während der Fahrt lernst du die anderen Kursteilnehmer kennen und wirst sicher viel Spaß mit ihnen haben. Dein Kursleiter ist immer dabei und betreut dich und deine Gruppe.

Hast du dich für eine Reise nach England entschieden?
Dann geht es mit dem Flugzeug nach London und von hier dann weiter mit dem Bus.
Nach Frankreich geht es dagegen mit der Bahn. Du kommst direkt an deinem Zielort an, wo deine Gastfamilie dich erwartet.

Die Gastfamilie

Du wirst bei einer Gastfamilie wohnen. Alle Familien sind nett, freundlich und aufgeschlossen.
In einer Gastfamilie nimmst du am täglichen Leben teil und lernst so Menschen, Traditionen und eine andere Kultur kennen.
Wir suchen nur Gastfamilien aus, die wirklich Interesse haben, junge Leute aus anderen Ländern kennenzulernen.
In der Regel wohnst du mit einem anderen Teilnehmer deines Kurses bei deiner Gastfamilie. Wenn du lieber allein in einer Familie wohnen möchtest, ist das ebenfalls möglich.

Der Kurs

Unterricht ist jeden Tag von Montag bis Freitag in der Zeit von 9.00 – 12.00 Uhr. Um den Unterricht so effizient wie möglich zu gestalten, sind die Gruppen klein (10 – 12 Teilnehmer). Größere Sicherheit beim freien Sprechen ist das Hauptziel.
Du wirst also mit deinen Lehrern viel Konversation machen. Aber auch das Vokabular und die Aussprache sollen verbessert werden.
Am Ende des Kurses erhält jeder Teilnehmer ein Zertifikat.

4 Was stimmt? Mehrere Antworten sind möglich.

1. Das ist ein Prospekt für …
   a. Klassenreisen.
   b. individuelle Sprachreisen.
   c. Erlebnisreisen.
   d. Reisen nach England und Frankreich.

2. In der Gastfamilie …
   a. wohnst und lebst du mit der Familie.
   b. bist du nur zum Schlafen.
   c. lernst du eine andere Kultur kennen.
   d. sind immer zwei Sprachkursteilnehmer.

3. Der Unterricht …
   a. findet einmal in der Woche statt.
   b. findet in kleinen Gruppen statt.
   c. hat vor allem Grammatik zum Ziel.
   d. hat vor allem freies Sprechen zum Ziel.

5 Diskutiert in der Klasse.

– Warum ist das Leben in der Gastfamilie wichtig, um eine Fremdsprache zu lernen?
– Kann es auch Probleme geben?

Vati, was meinst du, wenn ich diesen Sommer nach England fahre, um Englisch zu lernen?

Du willst nach England fahren? Und was machst du, wenn du in England bist?

Ich besuche einen Sprachkurs, wohne bei einer englischen Familie, kann neue Leute kennenlernen …

Also, Tina, wir können es so machen: Wenn du am Ende des Schuljahres versetzt wirst, dann darfst du fahren. O.k.?

6 Familienrat. Hör zu. ▶16

7 Lies laut und ergänze dabei.

Bausteine

Tina:	Vati, was meinst du, **wenn** ich nach England **fahre**, **um** Englisch **zu lernen**?
Herr Weigel:	Was machst du, **wenn** … ?
Tina:	Ich besuche …, wohne bei …, kann neue Leute …
Frau Weigel:	Also, …: **Wenn** du …, **dann** darfst du … O.k?

8 Wenn du …

● Vati, darf ich nach England fahren?
● Wenn du versetzt wirst, darfst du fahren.

Grammatik

wenn … ⟶ Verb ist am Ende!

Bildet weitere Dialoge.

nach London fahren – du, gute Noten in Englisch bekommen
in die USA reisen – andere Freunde, mitkommen
nach New York fliegen – Tante Eva, das Ticket bezahlen
einen Monat in Deutschland verbringen – Mama, einverstanden sein
an einer Sprachreise teilnehmen – du, fleißig lernen

Grammatik

Wenn ich versetzt **werde**, **darf** ich nach England **fahren**.

9 Reihenübung: Fragt und antwortet.

Was schenken dir deine Eltern, wenn du versetzt wirst? → Wenn ich versetzt werde, schenken mir meine Eltern eine Sprachreise nach England. Was schenken dir deine Eltern, wenn du versetzt wirst? → Wenn ich versetzt werde, …

> AB S. 21: Ü. 1, 2

10 Was nimmt Tina mit, wenn sie nach England fährt?

● Was nimmt Tina mit, wenn sie nach England fährt?
● Wenn sie nach England fährt, nimmt sie ihr Englischbuch mit.

Ebenso mit:

die Windjacke

das Wörterbuch

der Tennisschläger

der Regenschirm

der Fotoapparat

> AB S. 22-23: Ü. 3, 4, 5, 6, 7

11 Warum möchte Tina nach England fahren?

Ich möchte nach England fahren, um mein Englisch zu verbessern, um neue Leute kennenzulernen und auch, um Spaß zu haben, klar!

Grammatik
um ... zu + Infinitiv

12 Übt zu zweit.

● Was sollte Tina tun, um ihre Englischkenntnisse zu verbessern?
● Um ihre Englischkenntnisse zu verbessern, sollte Tina einen Intensivkurs besuchen.

Ebenso mit:

zwei Monate in England verbringen – jeden Tag BBC-Sendungen sehen – regelmäßig „The Sun" lesen – eine englische Brieffreundin haben – Beatles-Songs singen

Grammatik
Um ihr Englisch **zu verbessern, sollte** sie englische Bücher **lesen**.

13 Was sollte man machen, um Deutsch zu lernen?
Diskutiert in der Klasse.

> AB S. 23-24: Ü. 8, 9, 10

14 Eine E-Mail aus England.
Tina ist also nach England gefahren. Sie schreibt ihren Eltern eine E-Mail.

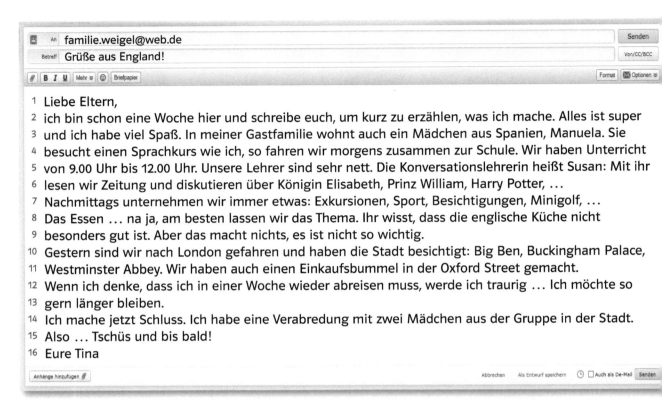

| An | familie.weigel@web.de | Senden |
| Betreff | Grüße aus England! | Von/CC/BCC |

B *I* U Mehr ≈ ☺ Briefpapier   Format ✉ Optionen ≈

1 Liebe Eltern,
2 ich bin schon eine Woche hier und schreibe euch, um kurz zu erzählen, was ich mache. Alles ist super
3 und ich habe viel Spaß. In meiner Gastfamilie wohnt auch ein Mädchen aus Spanien, Manuela. Sie
4 besucht einen Sprachkurs wie ich, so fahren wir morgens zusammen zur Schule. Wir haben Unterricht
5 von 9.00 Uhr bis 12.00 Uhr. Unsere Lehrer sind sehr nett. Die Konversationslehrerin heißt Susan: Mit ihr
6 lesen wir Zeitung und diskutieren über Königin Elisabeth, Prinz William, Harry Potter, ...
7 Nachmittags unternehmen wir immer etwas: Exkursionen, Sport, Besichtigungen, Minigolf, ...
8 Das Essen ... na ja, am besten lassen wir das Thema. Ihr wisst, dass die englische Küche nicht
9 besonders gut ist. Aber das macht nichts, es ist nicht so wichtig.
10 Gestern sind wir nach London gefahren und haben die Stadt besichtigt: Big Ben, Buckingham Palace,
11 Westminster Abbey. Wir haben auch einen Einkaufsbummel in der Oxford Street gemacht.
12 Wenn ich denke, dass ich in einer Woche wieder abreisen muss, werde ich traurig ... Ich möchte so
13 gern länger bleiben.
14 Ich mache jetzt Schluss. Ich habe eine Verabredung mit zwei Mädchen aus der Gruppe in der Stadt.
15 Also ... Tschüs und bis bald!
16 Eure Tina

Anhänge hinzufügen 📎   Abbrechen   Als Entwurf speichern 🕐 ☐ Auch als De-Mail Senden

a. Was stimmt? – In welcher Zeile steht das?

1. Tina ist schon seit sieben Tagen in England.

2. Manuela ist die Tochter der Gastfamilie.

3. Manuela ist Tinas Konversationslehrerin.

4. In der Konversationsstunde spricht Tina über die königliche Familie.

5. Tina hat auch nachmittags Unterricht.

6. Tina ist mit dem Essen zufrieden.

7. Tina ist noch nicht in London gewesen.

8. Tina freut sich, bald nach Hause zu fahren.

b. Ergänze die Sätze mit deinen eigenen Worten. Schreib die Sätze dann in dein Heft.

1. Tina schreibt ihren Eltern, um •••

2. In ihrer Gastfamilie •••

3. Vormittags •••

4. Nachmittags •••

5. Tina ist schon in London gewesen und •••

6. Tina ist traurig, wenn sie denkt, dass •••

▶ AB S. 25-26: Ü. 11, 12, 13

15 Ein Gespräch im Reisebüro. – Hör zu. ▶18

a. Was stimmt?

1. Herr Meier erkundigt sich nach einer Sprachreise.

2. Herr Meier möchte eine Sprachreise nach Frankreich machen.

3. Die Tochter von Herrn Meier lernt Französisch und möchte einen Sprachkurs in Frankreich besuchen.

4. Die Angestellte schlägt Herrn Meier eine Sprachreise nach Paris vor.

5. Herr Meier findet einen Kurs in Paris ideal.

6. Herr Meier findet einen Kurs in Cannes ideal.

7. Die Teilnehmer sind in einem Hotel untergebracht.

8. Die Sprachreise kostet 960 Euro alles inklusive.

9. Herr Meier will das Anmeldeformular zu Hause ausfüllen.

b. Genau hören.
Hör das Gespräch im Reisebüro noch einmal. Hör genau zu.
Schreib die Antworten in dein Heft.

Der Kurs in Paris:

1. Wie lange dauert der Kurs?

2. Wo sind die Teilnehmer untergebracht?

3. Wo findet der Sprachkurs statt?

Der Kurs in Cannes:

1. Wie lange dauert der Kurs in Cannes?

2. Wo sind die Teilnehmer untergebracht?

3. Mit wem machen sie die Gruppenfahrt?

Der Kurs in Cannes ist ziemlich teuer. Was bekommen die Teilnehmer für ihr Geld?

1. Eine Reise mit dem Zug oder mit dem Bus?

2. 15 Unterrichtsstunden pro Woche oder pro Monat?

3. Halbpension oder Vollpension bei der Gastfamilie?

4. Exkursionen und / oder Freizeitaktivitäten und / oder Vorträge über Land und Leute?

16 Was passt zusammen?

1. eine Sprachreise
2. an einer Sprachreise
3. im Unterricht viel Konversation
4. die Aussprache
5. ein Zertifikat
6. eine andere Kultur
7. eine Sprache
8. sich für eine Sprachreise
9. die Freizeit

a. entscheiden
b. gestalten
c. erhalten
d. machen
e. kennenlernen
f. teilnehmen
g. verbessern
h. lernen
i. machen

Zertifikat
Deutschkurs

1	2	...
...	...	...

Schreib die Wendungen in dein Heft.

17 Wichtige kleine Wörter. Welches Wort passt? Lies laut.

bei   für   in   im

beim   am   mit

Ulrike hat sich ••• eine Reise nach Istanbul entschieden, denn sie wollte Türkisch lernen.
Sie hat ••• einer Gastfamilie gewohnt und ••• täglichen Leben der Familie teilgenommen.
••• freien Sprechen hatte sie ••• der Schule immer große Probleme, deshalb hat sie jetzt
viel Konversation gemacht. Auch ••• Sprachkurs war das freie Sprechen das Hauptziel.
••• Ende des Kurses hat sie ein Zertifikat ••• der Note „sehr gut" erhalten.

18 Definitionen. Lies laut.

1. Eine Reise, um eine Sprache zu lernen, ist eine •••.
2. Jemand nimmt an einem Sprachkurs teil: Er ist ein •••. / Sie ist eine •••.
3. Jemand leitet einen Kurs: Er ist ein •••. / Sie ist eine •••.
4. Jemand leitet eine Gruppe: Er ist ein •••. / Sie ist eine •••.
5. Eine Familie nimmt einen Gast auf: Sie ist eine •••.
6. Gute Kenntnisse in Englisch sind gute •••.
7. Eine Lehrerin für Konversation ist eine •••.

> AB S. 26 : Ü. 14, 15

Aussprache! Hör gut zu und sprich nach!

Pluralformen

Die Betonung wechselt:

der Motor, die Motoren
der Doktor, die Doktoren
die Doktorin, die Doktorinnen
der Direktor, die Direktoren
die Direktorin, die Direktorinnen
der Professor, die Professoren
die Professorin, die Professorinnen

Besondere Pluralformen:

die Firma, die Firmen
das Thema, die Themen
das Zentrum, die Zentren
das Gymnasium, die Gymnasien
das Stadion, die Stadien
das Fußballstadion, die Fußballstadien
die Pizzeria, die Pizzerien

Du kannst ...

eine Bedingung nennen	Wenn Tina versetzt wird, darf sie nach England fahren.	✓
	Wenn das Wetter schön ist, machen wir eine Exkursion.	✓
	… … …	
sagen, wann etwas passiert	Wenn Tina nach England fährt, nimmt sie ihre Windjacke mit.	✓
(es passiert oft)	Wenn die Schule aus ist, gehen die Kinder nach Hause.	✓
	… … …	
eine Absicht, ein Ziel ausdrücken	Ich fahre nach Deutschland, um Deutsch zu lernen.	✓
	Ich lerne Deutsch, um meine Berufschancen zu verbessern.	✓

AB S. 27: Ü. 16, 17

Wir singen: Das Fremdsprachenlied

Eng - lisch will ich ler - nen und da - zu ein biss - chen Spa - nisch.
Rus - sisch will ich ler - nen und da - zu auch I - ta - lie - nisch.

Um die Welt zu seh - en und die Leu - te zu ver - ste - hen.
Um die Welt zu seh - en und die Leu - te zu ver - ste - hen.

„Hal - lo, what's your na - me?" „Bue - nas di - as, se - ño - ri - ta".
„Ka - ti - bia - sa - wu - u?", „Cia - o, che fai sta - se - ra?"

Ach, wie schön und lus - tig sind Fremd - spra - chen heut - zu - ta - ge!
Ach, wie schön und lus - tig sind Fremd - spra - chen heut - zu - ta - ge!

Wir trainieren

1 Du hörst jetzt zwei Dialoge. Hör jeden Dialog zweimal. Zu jedem Dialog gibt es Fragen mit je drei Antworten.

a. Martina will Reiseleiterin werden.

Überleg erst mal:

• Was macht eine Reiseleiterin?
• Was muss sie können?
• Was muss sie mögen?

Lies jetzt die Fragen und Antworten 1–3. Hör dann das Interview zweimal. ▶22
Welche Antworten stimmen?

1. Warum möchte Martina Reiseleiterin werden?

   a. Weil sie den Kontakt mit den Touristen mag.
   b. Weil sie gute Sprachkenntnisse hat.
   c. Weil sie viel reisen will.

2. Wie findet Martina die Arbeit einer Reiseleiterin?

   a. Stressig.
   b. Anstrengend, aber interessant.
   c. Manchmal langweilig, aber gut bezahlt.

3. Welche Sprachen kann Martina?

   a. Sie kann gut Englisch und Spanisch.
   b. Sie kann gut Englisch und ein bisschen Italienisch.
   c. Sie kann gut Englisch und ein bisschen Spanisch.

b. Herr Asbrand ist Bankdirektor.

Überleg erst mal:

• Wie wird man Bankdirektor?
• Wie stellst du dir das Leben eines Bankdirektors vor?

Lies jetzt die Fragen und Antworten 1–3. Hör dann das Interview zweimal. ▶23
Welche Antworten stimmen?

1. Wie ist Herr Asbrand Bankdirektor geworden?

   a. Er hat eine Banklehre gemacht.
   b. Er hat 10 Semester studiert.
   c. Er war vorher Manager in einer Möbelfirma.

2. Warum ist Herr Asbrand mit seinem Beruf zufrieden?

   a. Weil er schnell Karriere gemacht hat und die Arbeit ihm Spaß macht.
   b. Weil er viel verdient.
   c. Weil die Kollegen sehr nett sind.

3. Was gefällt ihm an seinem Beruf nicht?

   a. Dass er zu viel arbeiten muss.
   b. Dass er oft reisen muss.
   c. Dass er wenig Zeit für seine Kinder hat.

2   Frau Schneider ist Lehrerin für „Deutsch als Fremdsprache".

Überleg erst mal:
• Was unterrichtet eine Lehrerin für Deutsch als Fremdsprache?
• Was für Schüler hat sie?
• Ist Lehrerin ein schöner oder ein besonders anstrengender Beruf? Warum?

Hör zuerst das ganze Interview. ▶24

a. Lies jetzt die Sätze 1–6. Hör dann Teil 1 des Interviews noch einmal.
   Welche Antworten stimmen?

  1. Frau Schneider unterrichtet Deutsch an einem Gymnasium.
  2. Frau Schneider arbeitet in Freiburg.
  3. Die Schüler von Frau Schneider sind alle Ausländer.
  4. Frau Schneider ist mit ihrem Beruf nicht sehr zufrieden.
  5. Frau Schneider unterrichtet Jugendliche und Erwachsene.
  6. Einige Schüler von Frau Schneider kommen aus Japan.

b. Lies jetzt die Sätze 7–12. Hör dann Teil 2 des Interviews noch einmal.
   Welche Antworten stimmen?

  7. Für Frau Schneider ist der Kontakt mit den Schülern sehr wichtig.
  8. Frau Schneider hat nie Probleme in der Klasse.
  9. Frau Schneider ärgert sich, wenn die Schüler nicht arbeiten wollen.
10. Alle Schüler sind fleißig und machen Hausaufgaben.
11. Frau Schneider liebt ihren Job.
12. Frau Schneider möchte wechseln und etwas anderes machen.

3 Zwei Anzeigen am „Schwarzen Brett". Wähl eine Anzeige und lös die Aufgabe. Erzähl deinem Partner / deiner Partnerin, was in der Anzeige steht.

a.

Sprachferien in England!!!

Lernst du Englisch? Hast du Lust, die Sprache mal anders zu lernen?
Hast du Lust auf einen Urlaub ohne Eltern? Bist du 14 – 16 Jahre alt?
Dann ist das genau das Richtige für dich!
Wir (die Klasse 8B) fahren mit unserer Konversationslehrerin, Miss Brook, nach Hastings, und zwar vom 17. – 31. Juli.
Frau Hansmann, die neue Englischlehrerin, fährt auch mit.
Dort besuchen wir einen Sprachkurs, klar. Aber wir haben auch viel Spaß: Sport, Ausflüge, Barbecues, Disko und und und ...
Neugierig? Fragen? Dann wende dich an Miss Brook
(während der Pause im Lehrerzimmer). Sie ist für alles zuständig.
Anmeldeschluss: Ende April.

Was stimmt?

1. Wer hat die Anzeige geschrieben?

   a. Miss Brook.
   b. Die Englischlehrerin.
   c. Die Klasse 8B.

2. An wen richtet sich die Anzeige?

   a. An die Schüler der Klasse 8B.
   b. An alle Schüler, die Englisch lernen.
   c. An Schüler im Alter von 14 – 16, die Englisch lernen.

3. Wer organisiert die Reise?

   a. Miss Brook.
   b. Die Klasse 8B.
   c. Frau Hansmann.

b.

Nachhilfestunde gesucht

Hilfe!! Mathe ist zu schwer für mich.
Jede Mathestunde eine Tortur.
Jede Klassenarbeit eine Fünf!
Wer hilft mir?
Du musst kein Mathegenie sein.
Du musst nur Mathe mögen und
ein bisschen Zeit haben, so dass
wir 2- bis 3-mal die Woche zusammen
lernen und Hausaufgaben machen
können.

Und das machst du natürlich nicht gratis. Ich kann bis 4 Euro/Stunde bezahlen
(und zwar von meinem Taschengeld)!

Aber schnell, bitte! Die nächste Klassenarbeit steht schon vor der Tür!

Martin Körnen, Klasse 7C, Tel: 39 71 52

Was stimmt?

1. Welches Problem hat Martin?

   a. Er ist schlecht in Mathe.
   b. Er hat wenig Taschengeld.
   c. Er schreibt nächste Woche eine Klassenarbeit in Mathe.

2. Wen sucht Martin?

   a. Einen Mathelehrer, der Nachhilfestunden gibt.
   b. Einen Schüler, der ihm bei den Matheaufgaben hilft.
   c. Ein Mathegenie, mit dem er lernen kann.

3. Wofür bezahlt Martin 4 Euro?

   a. Für eine Woche Nachhilfe in Mathe.
   b. Für eine gute Note in einer Klassenarbeit in Mathe.
   c. Für eine Nachhilfestunde in Mathe.

4 Zwei Leserbriefe aus einer Jugendzeitschrift.
Thema: Gute und schlechte Erfahrungen bei einer Sprachreise.
Lies zuerst beide Briefe: Wer hat gute, wer hat schlechte Erfahrungen gemacht?

a.

1 Ich bin drei Wochen in Nizza gewesen und dort war es wirklich fantastisch.
2 Unsere Lehrerin war superlustig und wir waren auch mit der Gruppe bei ihr
3 zum Essen. Jetzt, wo ich wieder in der Schule bin, merke ich, dass sich mein
4 Französisch verbessert hat.
5 Mit der Gastfamilie habe ich noch Kontakt. Ich habe es einfach richtig ge-
6 troffen! In der Gastfamilie war ich zusammen mit einem spanischen Jungen
7 und dadurch habe ich viele andere Spanier und Franzosen kennengelernt.
8 Nächstes Jahr möchte ich gerne wieder nach Nizza, obwohl ich vielleicht
9 doch nach England fahren werde, um mein Englisch zu verbessern.
10 *Tim*

Was stimmt? Was stimmt nicht? – Wo steht das im Text?

1. Die Sprachreise nach Frankreich hat Tim sehr gut gefallen.

2. Die Schüler haben sich mit der Lehrerin sehr gut verstanden.

3. In der Schule bekommt Tim jetzt gute Noten in Französisch.

4. In der Gastfamilie hat Tim viele Spanier und Franzosen kennengelernt.

5. Nächstes Jahr fährt Tim bestimmt wieder nach Nizza.

b.

1 Alle sprechen von ihrer wunderschönen Erfahrung in England oder Frank-
2 reich. Alle sind begeistert und erzählen von tollen Gastfamilien und netten
3 Leuten.
4 Bei mir war es nicht so, leider! Ich bin in Ramsgate gewesen und es hat mir
5 überhaupt nicht gefallen. In der Gastfamilie waren andere Jugendliche, und
6 zwar zwei Mädchen aus der Schweiz und ein Junge aus Polen. Aber wir
7 haben uns nicht so richtig verstanden.
8 Und Kontakt mit der Gastfamilie habe ich kaum gehabt: Die Gasteltern
9 haben nie mit uns zu Abend gegessen und selten etwas mit uns unternom-
10 men. Ich war oft allein, hatte Heimweh und habe jeden Tag mit meiner
11 Mutti telefoniert und geweint. Auch in der Schule habe ich nicht viel gelernt.
12 Ich weiß nicht, vielleicht war ich einfach zu jung für eine solche Erfahrung.
13 Ich bin nämlich erst 12.
14 *Laura*

Was stimmt? Was stimmt nicht? – Wo steht das im Text?

1. Laura hat viel Spaß in Ramsgate gehabt.

2. In der Gastfamilie hat Laura andere Jugendliche kennengelernt.

3. Ihre Gasteltern waren nicht sehr freundlich.

4. Laura hat nachmittags immer etwas mit der Gruppe unternommen.

5. Laura hat vom Englischkurs viel profitiert.

5 Lies die Anzeigen und die Situationen. Welche Anzeige passt zu welcher Situation? Achtung: Für eine Situation gibt es keine passende Anzeige.

1. Ines, 15, möchte eine Sprachreise nach Frankreich machen.

2. Niklas, 21, studiert Spanisch und möchte seine Spanischkenntnisse verbessern.

3. Laila, 23, sucht einen Nebenjob. Sie hat den Führerschein, fährt aber auch gerne Rad.

4. Yuna, 14, möchte Privatunterricht nehmen, um ihr Deutsch zu verbessern.

5. Katie, 12, macht gerne Sport und möchte in den Ferien gern mal wieder ins Ausland fahren.

6. Elena, 13, liebt Sprachen und möchte jetzt in ihrer Freizeit zusätzlich noch Spanisch lernen.

7. Johannes, 19, sucht neue Kontakte. Er liest gerne und ist sportlich.

Abenteuer am Mittelmeer –
Surfen, Tauchen, Klettern, Wandern

Kinder zwischen 12 und 15 aufgepasst!
Wir bieten euch die idealen Ferien!
In unserem Feriencamp könnt ihr 2 Wochen lang verschiedene Sportarten ausprobieren und gleichzeitig das französische Leben kennenlernen.

www.sportcampfrankreich.de

Fremdsprachen-AG sucht Teilnehmer!
Wir, 5 Schülerinnen und Schüler zwischen 13 und 15, lernen seit einem Monat Spanisch.
Wir treffen uns mittwochs von 16.00-18.00 Uhr.
Interesse?
Dann komm einfach vorbei, auch wenn du noch keine Vorkenntnisse hast!
Raum 02/A

Feriencamp in der Bretagne
Lust auf Französisch?
Lust auf interkulturellen Austausch?
Dann kommt in unsere Sprachcamps in der Bretagne!

Unser Camp liegt direkt am Meer. Ihr wohnt in Zelten und vormittags gibt es 4 Stunden Unterricht. Nachmittags gibt es ein Freizeitprogramm mit Sport- und Spielangeboten und Besichtigungen.
Neugierig?

...adelnd Geld verdienen!
Wir suchen laufend Leute, die die Stadt gut kennen, flexibel sind und uns als Kuriere unterstützen wollen.
Wir bezahlen euch 9 Euro auf die Stunde, eigenes Rad Voraussetzung.
Kurze und aussagekräftige Bewerbung bitte an ...h.karsten@stadtkurier.de schicken

Lust auf Fahrradtouren, Klettern oder Beach-Volleyball?

Freizeitgruppe sucht neue Mitglieder!
Wir haben keine festen Termine, sondern verabreden uns nach Lust und Laune.
Melde dich, wenn du so um die 20 bist, dich gerne bewegst und neue Freunde suchst!

Maike: 0172/ 883 40 42 oder
David: 0176/ 300 924 31

Nachhilfe gesucht???
Ich studiere Mathe und Englisch auf Lehramt und helfe euch gerne bei den Hausaufgaben oder vor Klassenarbeiten!

Robert: 0157/822 65 41
(bitte ab 18.00 Uhr anrufen)

Englisch, Spanisch, Arabisch, Tschechisch, oder ...?!
Alles ist hier möglich! Wir treffen uns jeden Montag zu zweistündigen Sprachabenden.
An Sprachentischen mit Moderatoren könnt ihr mit Muttersprachlern sprechen und euch mit anderen Sprachinteressierten austauschen.
Also ideal, um eure Fremdsprachenkenntnisse zu verbessern!!!

Wo?: Café Lux auf dem Uni-Campus
Kontakt: Fabian007@web.de

Fahrer und Fahrerinnen mit Taxischein
Taxiunternehmen sucht neue Mitarbeiter für Nachtschichten, ca. 40 Stunden in der Woche!
Näheres unter: 0241/ 560 78 69

6 Deutsch lernen und Freunde finden!

Suche nach Personen, Orten und Dingen

Denise ▶ ein internationaler Blog

Hallo!
Wollen wir zusammen Deutsch lernen? Wie wäre es mit einem
internationalen Blog-Projekt? Jede Woche schreiben wir Texte
und erzählen z.B., was wir gemacht haben. Wir sind schon drei Leute:
ich (Denise, 15, aus Frankreich), Pedro aus Spanien und Elena aus
Italien. Wir suchen aber neue Freunde. Hast du Lust?
Dann melde dich: deniseP@wanadoo.fr

Gefällt mir · Kommentieren · Teilen · vor 12 Stunden · Bearbeitet · 🌎

💬 5 weitere Kommentare anzeigen

Du antwortest Denise.
Schreib zu jedem Punkt einen oder zwei Sätze, circa 60 Wörter insgesamt.
Vergiss nicht die Anrede, den Gruß und deine E-Mail-Adresse.

1. Stell dich vor (Name, Alter, Sprachkenntnisse).

2. Du findest die Idee toll.

3. Du hast schon einen Freund / eine Freundin aus einem anderen Land.

4. Er / Sie wird auch mitmachen.

5. Worüber schreibt ihr als Erstes? (Schule?)

Suche nach Personen, Orten und Dingen

Denise ▶ ein internationaler Blog

Gefällt mir · Kommentieren · Teilen · vor 12 Stunden · Bearbeitet · 🌎

Hallo, Denise! 📷

7 Zieh eine Karte.
Welche Situation siehst du auf der Karte?
Was sagt die markierte Person?

Mögliche Lösung: *Im Jahr 2020 werde ich
in Deutschland wohnen.*

Beispiel:

8 Gemeinsam etwas planen: eine Klassenparty organisieren.

Stellt euch vor, das Schuljahr ist vorbei und ihr möchtet am Ende eine Klassenparty organisieren. Arbeitet zu zweit und überlegt euch folgende Punkte:

– Wann, wo und wie lange findet die Party statt?

– Was gibt es zu essen und zu trinken?

– Wie könnt ihr die Party finanzieren?

– Wie sieht das Programm aus?

– Wen wollt ihr einladen?

– ...

Stellt eure Ergebnisse in der Klasse vor.

Grammatik

1. Genitiv

a. Lies die Beispiele.

Namen:

Wo ist Stefan**s** Fotoapparat?   (Der Fotoapparat gehört Stefan.)
Tina**s** Eltern fahren im Sommer nach Amerika.   (Es sind die Eltern von Tina.)

Substantive:

Die Arbeit ein**er** Krankenpflegerin   (Welche Arbeit ist anstrengend?)
ist anstrengend.
Wer hat die Mütze **des** Koch**s** gefunden?   (Die Mütze gehört dem Koch.)
Das sind die Arbeiten mein**er** Schüler.   (Meine Schüler haben die Arbeiten
     geschrieben.)

Beachte: Der Genitiv steht beim Substantiv. Er definiert das Substantiv. Er drückt oft aus, dass
               jemandem etwas gehört.

b. Schau die Tabelle an. Welche Formen sind gleich?

	m	f	n	Plural
bestimmter Artikel	**des** Kochs	**der** Ärztin	**des** Models	**der** Schüler
unbestimmter Artikel	ein**es** Kochs	ein**er** Ärztin	ein**es** Models	**der** Schüler
Possessiv-Artikel	mein**es** Vaters	mein**er** Mutter	mein**es** Kindes*	mein**er** Kinder

* Bei kurzen Wörtern auf -d, -t, -s: des Kind**es**, des Bild**es**, des Arzt**es**, des Haus**es**

c. Ein Bild. Lies laut.   ①

Im Hintergrund sieht man den Himmel. Die Farbe ◉ Himmel.. ist ganz schwarz. In der Mitte ◉
Bild.. ist ein Haus. Die Tür ◉ Haus.. steht offen. Drinnen sieht man Schneewittchen.
Eine alte Frau kämmt gerade Schneewittchen.. Haare mit einem giftgrünen Kamm. Die Augen ◉
Frau funkeln böse. Durch die Blätter ◉ Bäume neben dem Haus beobachten die Tiere ◉ Wald..
die Szene. Die Herren ◉ Haus.., die sieben Zwerge, sind leider nicht zu Hause.

2. Nebensatz mit *dass*

Lies die Beispiele.

Hauptsatz:	Nebensatz mit **dass**:

Tina **spielt** sehr gut Tennis.

Ich weiß , ...   *(Was weißt du?)*
→ Ich weiß, **dass** Tina sehr gut Tennis **spielt**.

Pia **will** Sängerin **werden**.

Ich habe gehört, ... *(Was hast du gehört?)*
→ Ich habe gehört, **dass** Pia Sängerin **werden will**.

Markus **fängt** eine Lehre **an**.

Wer hat gesagt, ...   *(Was hat jemand gesagt?)*
→ Wer hat gesagt, **dass** Markus eine Lehre **anfängt**?

Beachte: ● Der Nebensatz mit „dass" ist wie eine Akkusativ-Ergänzung:
Ich habe ... gehört. *(Was hast du gehört?)* – Ich habe <u>Musik</u> gehört.
Ich habe gehört, ... *(Was hast du gehört?)* – Ich habe gehört, <u>dass Markus eine Lehre anfängt</u>.

● Vor „dass" steht immer ein Komma.

2

Ergänze die Regel:

Im Nebensatz mit „dass" steht das konjugierte Verb ●.
Achtung: Bei trennbaren Verben sind Präfix und Verb zusammen.

3. Zukunft

Lies die Beispiele.

1. ● Was macht ihr **im Sommer**?   ● **Im Sommer** fahren wir ans Meer.
2. **Morgen** geht Tina mit ihrer Freundin in die Stadt.
3. Wir **werden** eine große Reise **machen**.

Beachte: Im Deutschen kann man Zukunft auf zwei Arten ausdrücken:

● Präsens + Temporal-Adverb („morgen")
oder Temporal-Ergänzung („im Sommer", „nächste Woche")
● „werden" konjugiert + Verb im Infinitiv (= Futur)

Verbformen:

Infinitiv:	**machen**
Präsens:	Sie **macht** eine große Reise.
Perfekt:	Sie **hat** eine große Reise **gemacht**.
Futur:	Sie **wird** eine große Reise **machen**.

4. Das Verb *werden* und was es alles kann

a. Lies die Beispiele.

Bedeutungen	
1. „werden" + Adjektiv / Zahl: Es **wird** langsam **Abend**, es **wird dunkel**. Du **bist** aber **groß geworden**. **Wie alt wirst** du? – Ich **werde** 15.	etwas verändert sich langsam Altersangabe (Zukunft)
2. *ich möchte / ich will … werden* Was **möchtest** du einmal **werden**? Ich **möchte** Tierpflegerin **werden**.	Berufspläne, Zukunftspläne
3. „werden" + Verb im Infinitiv: Ich **werde** regelmäßig Vokabeln **lernen**. Herr Weigel **wird** keinen Kaffee mehr **trinken**. Nach der Schule **wird** Tina eine große Reise **machen**.	gute Vorsätze für die Zukunft
Mit 25 **wird** Tina berühmt **sein**. Im Jahr 2050 **werden** die Menschen endlich in Frieden **leben**.	Prognosen: was in der Zukunft wahrscheinlich / vielleicht passiert.

Beachte: ● Das Verb „werden" kann verschiedene Bedeutungen haben.
              ● „werden" ist ein unregelmäßiges Verb.

TIPP: Lern: ich werde – du wirst – er, sie, es wird – wir werden
              Perfekt: ich bin … geworden

3

Ergänze die Regel:

„werden" + Adjektiv } „werden" (konjugiert) steht auf Position ●,
„werden" + Verb   } das Adjektiv und das Verb im Infinitiv stehen ●.

b. Übersetze die Beispiele in a in deine Sprache. Wie übersetzt du „werden"?

4

c. Lies laut.

Prognosen: Schöne neue Welt

In 100 Jahren ● die Menschen viel besser ● als heute.	(leben)
Die Luft ● endlich sauber ●,	(sein)
es ● keine Krankheiten mehr ●	(geben)
und die Menschen ● nur noch Vitamintabletten ●.	(essen)
Die Kinder ● nicht mehr in die Schule ●,	(gehen)
sondern zu Hause mit dem Computer ●.	(lernen)
Niemand ● mehr ● müssen,	(sterben)
und alle ● ewig jung ●.	(bleiben)

5. Vergleiche: Komparativ und Superlativ

a. Lies die Beispiele. Was fällt dir auf?

Anna ist **größer als** Felix, aber **kleiner als** Henning. Katzen leben **länger als** Hunde und Elefanten leben **am längsten**. Das Matterhorn ist **hoch**, der Mont Blanc ist **höher**, der Mount Everest ist **am höchsten**.

b. Schau die Tabelle an. Erkennst du Regeln?

Grundform	Komparativ	Superlativ	
schön	schön**er**	am schön**sten**	
hübsch	hübsch**er**	am hübsch<u>e</u>**sten**	!
glücklich	glücklich**er**	am glücklich**sten**	
hektisch	hektisch**er**	am hektisch**sten**	
wenig	wenig**er**	am wenig**sten**	
interessant	interessant**er**	am interessant<u>e</u>**sten**	!
alt	älter	am ält<u>e</u>sten	!
jung	jünger	am jüng**sten**	
groß	größer	am größ**ten**	!
lang	länger	am läng**sten**	
kurz	kürzer	am kürz<u>e</u>sten	!
kalt	kälter	am kält<u>e</u>sten	!
warm	wärmer	am wärm**sten**	
gesund	gesünder	am gesünd<u>e</u>sten	!
hoch	hö<u>h</u>er !	am höch**sten**	
nah	näher	am nä<u>ch</u>sten	!
viel	**mehr** !	am **meisten**	!
gern	**lieber** !	am **liebsten**	
gut	**besser** !	am **besten**	

5

Ergänze die Regeln:

● Komparativ: *Adjektiv* + ●;   Superlativ: am *Adjektiv* + ●

● Komparativ bei kurzen Wörtern: a, o, u   → ●, ●, ● (Umlaut)

● Superlativ: letzter Buchstabe -t, -z, -sch: -sten → ●

● Es gibt einige besondere Formen, z.B.: viel – ● – ●

TIPP: Lern alle drei Formen:
        hoch – höher – am höchsten; gut – besser – am besten; ...

6

c. Komparativ und Superlativ. Lies laut.

● Lea, möchtest du gern einen Apfel?   ● Ach, ich möchte ● eine Banane.
● Was ist dein Lieblingsessen?   ● ● esse ich Spaghetti mit Tomatensoße.
● Wer zeigt Klara, wie man das Fahrrad repariert?   ● Ben, er kann das ●.

Im Oktober werden die Nächte immer länger, im Dezember sind sie ●.
Dann werden sie langsam wieder ● und im Juni sind sie ●.

6. Nebensatz mit *wenn*

1. Wenn – konditional

a. Lies die Beispiele.

Wenn Tina versetzt **wird**, **darf** sie eine Sprachreise **machen**.
Wenn das Wetter schön **ist**, **machen** wir einen Abendspaziergang,
wenn es **regnet**, **gehen** wir ins Kino.

b. Übersetze die Beispiele in a in deine Sprache. Wie übersetzt du „wenn"?

2. Wenn – temporal

a. Lies die Beispiele.

Wenn die Schule aus **ist**, **macht** Stefan immer gleich seine Hausaufgaben. **Wenn** er dann fertig **ist**, **trifft** er sich mit seinen Freunden. **Wenn** das Schuljahr zu Ende **ist**, **fahren** alle ans Meer.

b. Übersetze die Beispiele in a in deine Sprache. Wie übersetzt du „wenn" hier?

Beachte:
- „wenn" kann eine Bedingung ausdrücken (konditional):
  Tina darf eine Sprachreise machen. **Die Bedingung ist:** Tina wird versetzt.
- „wenn" ist auch temporal:
  Wann fahren sie ans Meer? – **Wenn** das Schuljahr zu Ende ist.

Wortstellung

Hauptsatz:
Alle **fahren** ans Meer,

Nebensatz:
wenn das Schuljahr zu Ende **ist**.

Nebensatz:
Wenn das Schuljahr zu Ende **ist**,

Hauptsatz:
fahren alle ans Meer.

1   2

7

Ergänze die Regeln:

- Im Nebensatz mit „wenn" steht das konjugierte Verb ●.
- Wenn der Nebensatz vorne steht, hat er die Position ●.
  Das konjugierte Verb im Hauptsatz hat dann Position ●.

c. Verbinde die Sätze mit „wenn".
   Wann ist „wenn" konditional (k), wann temporal (t) ?

8

1. Du willst Ärztin werden. Du musst Medizin studieren.
2. Der Sommer kommt. Das Leben wird schöner und leichter.
3. Du lernst gut sprechen. Du fährst in den Ferien nach Deutschland.
4. Meine Eltern erlauben es. Ich mache mit meiner Freundin Camping-Ferien.
5. Es wird dunkel. Du kommst bitte nach Hause.

7. Nebensatz mit *um ... zu*

a. Lies die Beispiele.

Paul fährt im Urlaub nach Tirol, **um** in den Bergen **zu** wandern.
Sarah fährt nach Freiburg, **um** ihre Tante **zu** besuchen.
Jan bleibt zu Hause, **um** die Abschlussprüfung vor**zu**bereiten.

9

Ergänze die Regeln:

- Der Nebensatz mit „um … zu" drückt ● aus.
- „um" steht vorn, direkt nach dem Komma, „zu" steht hinten ● dem Verb.
  Das Verb ist im Infinitiv und steht ●.
- Bei trennbaren Verben steht „zu" zwischen dem ● und dem ●.

10

b. Sag es mit „um … zu".

Ich mache einen Kletterkurs   –   ich will klettern lernen
Timo macht sich Notizen   –   er will eine Geschichte erzählen
Ilka nimmt ihr Handy mit   –   sie will am Abend ihre Freundin anrufen

Lösungen für ●:

① Im Hintergrund sieht man den Himmel. Die Farbe **des** Himmels ist ganz schwarz. In der Mitte **des** Bildes ist ein Haus. Die Tür **des** Hauses steht offen. Drinnen sieht man Schneewittchen. Eine alte Frau kämmt gerade Schneewittchens Haare mit einem giftgrünen Kamm. Die Augen **der** Frau funkeln böse. Durch die Blätter **der** Bäume neben dem Haus beobachten die Tiere **des** Waldes die Szene. Die Herren **des** Hauses, die sieben Zwerge, sind leider nicht zu Hause.

② Im Nebensatz mit „dass" steht das konjugierte Verb **am Ende**.

③ „werden" (konjugiert) steht auf Position 2, das Adjektiv und das Verb im Infinitiv stehen **am Ende**.

④ In 100 Jahren **werden** die Menschen viel besser **leben** als heute. Die Luft **wird** endlich sauber **sein**, es **wird** keine Krankheiten mehr **geben** und die Menschen **werden** nur noch Vitamintabletten **essen**. Die Kinder **werden** nicht mehr in die Schule **gehen**, sondern zu Hause mit dem Computer **lernen**. Niemand **wird** mehr **sterben** müssen, und alle **werden** ewig jung **bleiben**.

⑤ Adjektiv + **er**; Superlativ: am Adjektiv + **sten**; Komparativ bei kurzen Wörtern: a, o, u ← ä, ö, ü (Umlaut); Superlativ: letzter Buchstabe -t, -z, -sch: -sten ← **esten**; besondere Formen, z.B.: viel – mehr – am meisten

⑥ Ach, ich möchte lieber eine Banane. – **Am liebsten** esse ich Spaghetti mit Tomatensoße. – Ben, er kann das **am besten**. – … Im Dezember sind die Nächte **am längsten**. Dann werden sie langsam wieder **kürzer** und im Juni sind sie **am kürzesten**.

⑦ Im Nebensatz mit „wenn" steht das konjugierte Verb **am Ende**. Wenn der Nebensatz vorne steht, hat er die Position 1. Das konjugierte Verb im Hauptsatz hat dann Position 2.

⑧ 1. Wenn du Ärztin werden willst, musst du Medizin studieren. (k) 2. Wenn der Sommer kommt, wird das Leben schöner und leichter. (t) 3. Du lernst gut sprechen, wenn du in den Ferien nach Deutschland fährst. (k) 4. Wenn meine Eltern es erlauben, mache ich mit meiner Freundin Camping-Ferien. (k) 5. Wenn es dunkel wird, kommst du bitte nach Hause. (t)

⑨ Der Nebensatz mit „um … zu" drückt eine **Absicht**, ein **Ziel** aus. „um" steht vorn, direkt nach dem Komma, „zu" steht hinten **vor** dem Verb. Das Verb ist im Infinitiv und steht **am Ende**. Bei trennbaren Verben steht „zu" zwischen dem **Präfix** und dem **Verb**.

⑩ Ich mache einen Kletterkurs, **um klettern zu lernen**. Timo macht sich Notizen, **um eine Geschichte zu erzählen**. Ilka nimmt ihr Handy mit, **um am Abend ihre Freundin anzurufen**.

Teste dein Deutsch!
Wortschatz und Grammatik

1 Verkehrte Welt! Wer macht was?

(1) Der Programmierer züchtet Blumen. **(a)**
(2) Die Patientin repariert Autos. **(b)**
(3) Der Koch leitet eine Firma. **(c)**
(4) Das Model verkauft Bücher. **(d)**
(5) Der Hausmeister pflegt die Patienten. **(e)**
(6) Die Gärtnerin arbeitet in der Küche. **(f)**
(7) Der Kraftfahrzeugmechaniker liegt im Krankenhaus. **(g)**
(8) Der Manager schreibt Computerprogramme. **(h)**
(9) Die Krankenpflegerin nimmt an Modenschauen teil. **(i)**
(10) Der Buchhändler achtet auf Ordnung in der Schule. **(j)**

So ein Quatsch!

2 Silbenrätsel: 8 tolle Adjektive: So möchten wir sein!

tiv – auf – a – ter – läs– geis – ge – su – ver – in – zi – sen – zu – ef – sig – kre – fi – be –
sant – flei – tert – ent –ßig – schlos – es – per

3 Die Zukunft mit *werden*.

Die Sprachreise ••• ein Erlebnis sein. Du ••• bei einer Gastfamilie wohnen.
Die Gruppenleiter ••• Ausflüge mit euch machen. Ihr ••• viel Spaß haben.
Der Unterricht ••• sehr effizient sein und eure Noten ••• sich verbessern.

4 *wenn, dass, um ... zu*: Was passt wo?

Ich habe gehört, ••• Irene eine große Reise machen will, ••• sie mit der Schule fertig ist. •••
Geld für die Reise ••• verdienen, jobbt sie bei McDonald's, und zwar jeden Tag zwei Stunden,
gleich ••• sie aus der Schule kommt. ••• sie 1000 Euro hat, will sie aufhören. Sie glaubt, ••• sie
mit 1000 Euro drei Monate lang durch ganz Europa reisen kann. ••• die Leute ••• verstehen,
lernt sie auch Italienisch und Spanisch.

5 Wie ist das Wetter in Deutschland? (warm, kalt)

Im Mai ist es oft schön •••, im Juni wird es dann ••• und im Juli ist es •••.
Im November regnet es viel, es wird langsam •••, im Dezember wird es dann noch •••.
••• ist es meist in den Monaten Januar und Februar.

Selbstkontrolle

Lösungen auf Seite 142

Du hast ...
... maximal 4 Fehler: SEHR GUT! Mach weiter so!
... 5 bis 8 Fehler: noch o.k. Aber du kannst es besser!
... mehr als 8 Fehler: Wiederhol die Übungen von Modul 7.

Gestern, vorgestern, einmal ...

Du lernst ...

- über Vergangenes sprechen
- Vergangenes erzählen
- ein Märchen erzählen
- sagen, wann etwas passiert ist
- um eine Bestätigung bitten
- eine Postkarte aus dem Urlaub scheiben
- einen Lebenslauf erzählen (schreiben)
- einen Zeitungstext verstehen

- **fragen**
  Wie war das (damals?)

  Wie habt ihr euch kennengelernt?
  Stimmt es, dass du ihn nett gefunden hast?
  Was ist dann passiert?

- **erzählen**
  Es war einmal ...
  Als ich fünf war, bin ich in die Schule gekommen.

- **auf Fragen antworten**
  Das war so: Ich wollte nicht in die Schule gehen und bin zu Hause geblieben.
  Wir haben uns in einem Café getroffen.
  Ja, das stimmt, aber Liebe auf den ersten Blick war es nicht.
  Er ist dann nach München gezogen.

Wie hast du Mutti kennengelernt?

1 Wie haben sich Herr und Frau Weigel kennengelernt?
Sprecht in der Klasse.

Ich denke, sie waren
Klassenkameraden.

Ich glaube,
sie haben sich am Meer
kennengelernt.

Ich glaube, ...

2 Wie war es wirklich? Hör zu. ▶25

Vati, wie hast du Mutti kennen-gelernt?

Wie bitte?

Du wirst es wohl nicht glauben, Stefan, aber wir haben uns durch eine Anzeige kennengelernt!

Ja, durch eine Anzeige. Ich war damals sehr schüchtern, also habe ich eines Tages eine Anzeige aufgegeben. „ER, 26, sportlich, aber schüchtern, sucht SIE." Mutti hat geantwortet und ...

3 Lies nach.

Bausteine

| Stefan: | Vati, wie **hast** du Mutti **kennengelernt**? |
| Herr Weigel: | Ich **habe** eine Anzeige **aufgegeben** und Mutti **hat geantwortet**. |

Mutti, stimmt es, dass du Vati durch eine Anzeige kennengelernt hast?

Ja, ich habe die Anzeige von Vati gelesen, sie nett gefunden und ich habe geantwortet ...

4 Und was sagt Frau Weigel? Lies und ergänze dabei.

Bausteine

| Frau Weigel: | Ich ... die Anzeige ..., sie nett ... und ich habe ... |

5 Wie war wohl die erste Verabredung? Sprecht in der Klasse.

– Wo haben sich Peter und Renate zum ersten Mal getroffen?
– Wie haben sie sich erkannt?
– Wie hat Peter reagiert, als er Renate gesehen hat?
– Wie hat Renate reagiert, als sie Peter gesehen hat?

6 Lies nun die ganze Geschichte.

1 Peter Weigel hat eine Anzeige aufgegeben und nach
2 zehn Tagen einen Brief bekommen. Darin war auch die
3 Telefonnummer von Renate. Peter hat zunächst gezögert,
4 aber dann hat er doch angerufen. Sie haben lange am
5 Telefon gesprochen. Dann haben sie sich für den
6 folgenden Tag um 19.00 Uhr in einem Café verabredet.
7 Peter hat sich auf das Treffen sehr gefreut.
8 Am folgenden Tag hat er sich sportlich angezogen,
9 hat eine Rose gekauft und ist ins Café gegangen.
10 Renate war schon da, auch mit einer Rose
11 in der Hand (das war das Erkennungszeichen).
12 „Mein Gott, die ist ja so klein", hat Peter gedacht.
13 „Was für ein komischer Typ", hat Renate gedacht.
14 Das war also keine Liebe auf den ersten Blick. Aber sie haben
15 angefangen zu reden und sich dabei kennengelernt …

a. Was stimmt? – In welcher Zeile steht das?

1. Renate hat die Anzeige gelesen und Peter angerufen.

2. Peter hat eine Antwort von Renate bekommen und sie angerufen.

3. Peter und Renate haben sich in einem Café getroffen.

4. Peter hat viele Blumen für Renate gekauft.

5. Im Café hat Peter auf Renate gewartet.

6. Renate ist später gekommen.

7. Renate hat Peter sofort gefallen.

8. Peter hat Renate sofort gefallen.

9. Sie haben gesprochen und sich besser kennengelernt.

b. Fragen und Antworten.

1. Wo haben sich Peter und Renate zum ersten Mal getroffen?

2. Wie haben sie sich erkannt?

3. Wer war als Erster im Café? Peter oder Renate?

4. Wie war Peters, wie war Renates Reaktion?

5. Was haben Peter und Renate im Café gemacht?

Grammatik	
Infinitiv	**Perfekt**
kaufen	hat **ge**kauft
gehen	ist **gegangen**
sprechen	hat **ge**sprochen
anrufen	hat **an**gerufen
bekommen	hat bekomm**en**
passieren	ist passier**t**

> **AB S. 38-40: Ü. 1, 2, 3, 4, 5**

7 Lies Herrn Weigels Lebenslauf.

1971	in Nürnberg geboren
1977	das erste Fahrrad bekommen
1981	Urlaub in Griechenland verbracht
1989	Abitur gemacht
1991	das erste Auto gekauft
1993	nach München umgezogen
1996	zu arbeiten begonnen
1998	Renate kennengelernt
1999	Urlaub in Spanien gemacht
2000	Renate geheiratet
2003	Stelle in Bank bekommen, nach Augsburg umgezogen

> AB S. 40: Ü. 6, 7, 8

Fragt und antwortet in der Klasse.

- Wann hat Herr Weigel das Abitur gemacht?
- Er hat das Abitur 1989 (neunzehnhundertneunundachtzig) gemacht.

8 *Sein* oder *haben*? Schreib zwei Listen in dein Heft.

geboren	gekauft	gemacht	begonnen	umgezogen
verbracht	bekommen	geheiratet	kennengelernt	gefahren

Er hat …

Er ist …

> AB S. 41: Ü. 9, 10

9 Herr Weigel, wo waren Sie im Jahr …? – Übt zu zweit.

- Herr Weigel, wo waren Sie im Jahr 1989?
- Im Jahr 1989 war ich in Berlin.

Ebenso mit:

1981: Griechenland
1993: München
1994: Paris
1999: Spanien
2000: London

Und du?
Wo warst du im Jahr 2014?

Grammatik

Präsens		Präteritum	
ich	bin	ich	war
du	bist	du	warst
er, sie, es	ist	er, sie, es	war
wir	sind	wir	waren
ihr	seid	ihr	wart
sie	sind	sie	waren
Sie	sind	Sie	waren

10 Reihenübung: Fragt und antwortet.

→ a. Wo warst du gestern? → Ich war zu Hause. Und du? Wo warst du gestern? → Ich war …

b. Was hast du gestern gemacht? → Ich habe gespielt. Und du? Was hast du gestern gemacht?
→ Ich …

AB S. 42 : Ü. 11, 12

11 Grüße aus Tossa de Mar. Lies die Karte.

Tossa de Mar, 19. Juli

Liebe Renate,
mein Urlaub (leider ohne dich!) hat schlecht
begonnen. In Frankfurt sind wir mit 3 Stunden
Verspätung abgeflogen! Und in Tossa de Mar sind
wir erst um 22 Uhr angekommen. Ich war todmüde.
Das Hotel ist o.k., aber ich finde, hier sind einfach
zu viele Deutsche, man trifft kaum Spanier.
Und ich wollte doch mein Spanisch auffrischen!
Tossa de Mar ist zwar nicht sehr schön, aber das
Meer und der Strand sind super!
Gestern bin ich nach Barcelona gefahren. Wir haben
eine Stadtrundfahrt gemacht. Toll, die Stadt ist
wirklich toll. Aber ich denke immer an dich …
Bis bald,
*   dein Peter*

Barcelona

An
Renate Langer
Lindwurmstraße 145
80351 MÜNCHEN
Deutschland

12 Fragt und antwortet.
Arbeite mit deinem Nachbarn / deiner Nachbarin.

– Wohin ist Peter Weigel geflogen?

– Mit wem?

– Wie war der Flug?

– Wie gefällt es ihm in Tossa de Mar?

– Hat er schon Exkursionen gemacht?

– …

AB S. 43: Ü. 13, 14

Wortschatz wiederholen!

13 Welches Verb passt in die Lücke? Und in welcher Form? Lies laut.
Schreib den ganzen Text dann auch in dein Heft.

Es ••• Liebe auf den ersten Blick!

Sie haben sich schon als Kinder in der Schule •••.
Sie haben in derselben Straße ••• und sind immer
zusammen zur Schule •••. Sie haben sich jeden Nachmittag nach
der Schule ••• und haben auch zusammen die
Hausaufgaben •••.
Dann sind seine Eltern nach Hamburg •••, und sie haben sich für
viele Jahre aus den Augen •••.
Nach dem Abitur hat sie dann Chemie in Hamburg •••.
In einem Seminar ist er plötzlich neben ihr ••• und sie haben sich
gleich wieder ineinander •••.
Alles ••• wie früher. Nach dem Studium haben sie eine
Stelle in derselben Stadt •••. Sie haben dann auch bald •••.
Und wenn sie nicht ••• sind, so leben sie noch heute.

bekommen
sitzen
gehen
heiraten
kennenlernen
machen
sein
sich verlieben
sterben
studieren
treffen
umziehen
verlieren
wohnen
sein

AB S. 44 - 45: Ü. 15, 16, 17, 18

Intonation! Hör gut zu und sprich nach!

►27

● Wo habt ihr euch kennengelernt? ↘
● Das war 1955 auf einer Party. ↘

● Wie war das? Erzähl mal. ↘
● Also, das war so! ... →

● War es Liebe auf den ersten Blick? ↗
● Ja, es war Liebe auf den ersten Blick! ↘

Und wenn sie nicht gestorben sind → , so leben sie noch heute. ↘

Du kannst ...

Vergangenes erzählen	Ich habe Britta 2012 kennengelernt.
	Wir haben uns in der Eisdiele getroffen. ✓
	... ...
einen Lebenslauf schreiben	Im Jahr 2013 habe ich die Abschlussprüfung gemacht. ✓
	... ...
fragen, wann etwas passiert ist	Wann haben Peter und Renate geheiratet? ✓
	... ...
um eine Bestätigung bitten	Stimmt es, dass du Mutti durch eine Anzeige kennengelernt hast? ✓

Wie war es damals?

Mutti, wie war's damals, als du 15 warst? Hattest du Streit mit der Oma?

Und warum?

Natürlich hatte ich ab und zu Streit.

Na ja, ich durfte zum Beispiel abends nicht weggehen. Und ich musste immer zu Hause helfen, auch wenn ich keine Lust hatte.

1 Worum geht es? Hör zu. ▶28

2 Lies und ergänze dabei.

Bausteine

Tina:	Mutti, wie **war**'s damals, als du 15 **warst**? **Hattest** du Streit mit der Oma?
Frau Weigel:	Natürlich ... ich ab und zu Streit.
Tina:	Und warum?
Frau Weigel:	Na, ich ... abends nicht weggehen. Und ich ... immer zu Hause helfen, auch wenn ich keine Lust ... .

3 Fragt eure Lehrerin / euren Lehrer:

– Wie war das damals, als Sie 15 waren?

– Was durften Sie (nicht)?

– Was mussten Sie tun?

4 Damals ...: Die Eltern erzählen.
Lies, was Herr und Frau Weigel erzählen, und mach dann Übung 5.

Mit 15 wollte ich nicht mehr in die Schule gehen. Ich wollte nur Fußball spielen. Mein Traum war, ins Internat von Bayern-München zu kommen, um später Fußballspieler zu werden. Aber meine Eltern waren dagegen. „Du musst das Abitur machen, einen richtigen Beruf lernen ...", sagten sie zu mir. Also musste ich weiter in die Schule, aber ich hatte keine Lust zu lernen.

Mit 15 interessierte ich mich sehr für Filme. Aber ich durfte nicht so oft ins Kino gehen. Manchmal hatte ich ein wenig Taschengeld übrig, und da konnte ich mir dann heimlich einen Film anschauen. Ich musste aufpassen, dass es niemand merkt. Ich gehe auch heute noch sehr gern ins Kino, aber nicht mehr heimlich.

5 Textverständnis: Welche Teile passen zusammen?

1. Mit 15 wollte er ...
2. Er wollte damals ...
3. Sie durfte nicht so oft ...
4. Sein Traum war, ...
5. Seine Eltern waren ...
6. Sie hatte manchmal ...
7. Sie konnte sich manchmal heimlich ...
8. Sie musste aufpassen, ...

a. ... dass es niemand merkt.
b. ... ins Internat von Bayern-München zu kommen.
c. ... nicht mehr in die Schule gehen.
d. ... Filme anschauen.
e. ... Fußballspieler werden.
f. ... ins Kino gehen.
g. ... dagegen.
h. ... etwas Taschengeld übrig.

1	2	...
...	...	...

6 Verben im Präteritum. Mach eine Tabelle in deinem Heft.

Infinitiv	Präteritum
wollen	•••
müssen	•••
können	•••
dürfen	•••
sein	•••
haben	•••

Grammatik

Präteritum			Modalverben				
	sein	**haben**	**müssen**	**dürfen**	**können**	**wollen**	**sollen**
ich	war	hatte	musste	durfte	konnte	wollte	sollte
du	warst	hattest	musstest	durftest	konntest	wolltest	solltest
er, sie, es	war	hatte	musste	durfte	konnte	wollte	sollte

7 Tinas ganz persönliche Lebensgeschichte.

8 Monate	schon zwei Zähne haben
1 Jahr	laufen können
18 Monate	sprechen können
2 Jahre	nachmittags nicht mehr schlafen wollen
3 Jahre	in den Kindergarten gehen müssen
4 Jahre	den ganzen Tag spielen wollen, viele Freunde und Freundinnen haben
5 Jahre	Tennis spielen lernen wollen
6 Jahre	in die Schule gehen müssen
7 Jahre	jeden Tag Hausaufgaben machen müssen
8 Jahre	nachmittags nicht weggehen dürfen
10 Jahre	schon gut Tennis spielen können
12 Jahre	nachmittags weggehen dürfen
14 Jahre	nach England fahren wollen

8 Schreib den Text über Tinas Lebensgeschichte in dein Heft.

Mit acht Monaten hatte Tina schon zwei Zähne. Mit einem Jahr konnte Tina schon laufen. Mit 18 Monaten …

9 Deine persönliche Geschichte. Erzähl, was du mit einem, zwei, drei, . . . Jahren machen konntest, wolltest, musstest, (nicht) durftest.

Zur Vorbereitung kannst du eine Tabelle machen wie in Übung 7.

10 Übt zu zweit. Lest die Beispiele und fragt weiter.

● Durftest du mit zehn Jahren schon allein weggehen?
● Nein, mit zehn Jahren durfte ich nicht allein weggehen.

● Konntest du mit acht Jahren Ski fahren?
● Nein, mit acht Jahren konnte ich nicht Ski fahren./
Ja, natürlich konnte ich ...

AB S. 46: Ü. 1, 2

11 Als ich ...

● Was	wolltest konntest musstest durftest	du machen, als du 10 Jahre alt warst?

● Als ich 10 Jahre alt war,	wollte	ich bis spät aufbleiben.
	konnte	ich schon Tennis spielen.
	musste	ich früh schlafen gehen.
	durfte	ich nicht allein weggehen.

Grammatik

Als ... ⟶ Verb ist am Ende!

Übt zu zweit.

können	13 Monate	„Papa" und „Mama" sagen
können	15 Monate	laufen
müssen	2 Jahre	den ganzen Nachmittag schlafen
wollen	5 Jahre	den ganzen Tag spielen
müssen	6 Jahre	in die Schule gehen
dürfen	9 Jahre	bis 22.00 Uhr aufbleiben
nicht dürfen	10 Jahre	allein weggehen
können	12 Jahre	Gitarre spielen
wollen	13 Jahre	nach London fahren

AB S. 47-48: Ü. 3, 4, 5, 6, 7

12 Elsa Schulze erinnert sich an ihren ersten Schultag. ▶29
Hör den Text einmal oder zweimal bei geschlossenem Buch. Wie viel verstehst du?

Lies nun die Aussagen 1–10. Was stimmt?
Zur Kontrolle: Hör den Text noch einmal. Was stimmt? – Hattest du gut verstanden?

1. Ihr erster Schultag war im Jahr 1936.
2. Am ersten Schultag war sie nicht nervös.
3. In ihrer Klasse waren 36 Schüler und Schülerinnen.
4. Sie konnte schon ein bisschen lesen.
5. Franz war der Name von ihrem ersten Lehrer.
6. Franz war ein Klassenkamerad, der schon lesen und schreiben konnte.
7. Ihr erster Lehrer war sehr nett und freundlich.
8. Die Schüler durften in der Klasse aufstehen und herumlaufen.
9. Alle Schüler mussten bis 13 Uhr in der Schule bleiben.
10. Für sie war der erste Schultag toll.

> **AB S. 48-49: Ü. 8, 9**

Wortschatz wiederholen!

13 Das Frage-Antwort-Spiel. Warum ...? – Weil ...

- Warum warst du gestern nicht in der Schule?
- Weil ich keine Lust hatte.
- Warum hattest du keine Lust?
- Weil ich ausschlafen wollte.
- Warum wolltest du ausschlafen?
- Weil ...

nicht in der Schule sein – keine Lust haben – ausschlafen wollen – müde sein –
in der Nacht nicht schlafen können – Bauchweh haben – still sein – Angst haben –
allein zu Hause sein – Eltern bei Tante Eva sein – Geburtstag haben – ...

> **AB S. 49-50: Ü. 10, 11**

Du kannst ...

Vergangenes erzählen	Ich hatte Streit mit meiner Freundin.	✓
	Ich konnte damals schon schwimmen.	✓
	Ich musste zu Hause bleiben.	✓
	Ich hatte Angst und war nervös.	✓
	... ...	
erzählen, wann etwas war	Als ich 10 war, wollte ich ...	✓
	Als ich klein war, musste ich ...	✓
	Mit 10 Jahren konnte ich ...	✓

> **AB S. 50-51: Ü. 12, 13**

Es war einmal ...

1 Welches Märchen ist das? Ordne zu.

1. Aschenputtel: Sie fährt mit einer Kutsche zum Schloss.
2. Dornröschen: Sie schläft schon seit sieben Jahren.
3. Rotkäppchen: Sie geht allein in den Wald.
4. Hänsel und Gretel: Sie finden das Haus der Hexe.
5. Schneewittchen: Sie lebt bei den Zwergen.

1	2	...
...	...	...

2 Welche Figuren gehören in das Märchen *Rotkäppchen*? Diskutiert in der Klasse.

die Mutter

der Hase

die Oma

der Zwerg

der Jäger

der König

der Wolf

die Hexe

die Eltern

der Prinz

3 Was weißt du noch über die Figuren in *Rotkäppchen*?
Diskutiert in der Klasse.

1. ••• wohnt am Ende des Waldes.
2. ••• hat immer ein Gewehr bei sich.
3. ••• trägt immer ein rotes Käppchen.
4. ••• ist groß, schwarz und böse.
5. ••• ist ein junges, naives Mädchen.
6. ••• ist die Tochter der Oma.
7. ••• ist krank und wohnt allein.
8. ••• frisst in Märchen gerne Menschen.

4 *Rotkäppchen*. Textteile und Bilder. Welcher Text passt zu welchem Bild?
Notier die richtige Reihenfolge in deinem Heft.

A Als nun Rotkäppchen im Wald war, traf es den Wolf.
„Guten Tag, Rotkäppchen", sprach er, „wohin gehst du so früh?"
„Zur Großmutter. Sie ist krank und ich bringe ihr Kuchen und Wein."
„Willst du nicht deiner Oma Blumen bringen?", fragte der Wolf.
„Gute Idee", antwortete Rotkäppchen.

B Ein Jäger ging eben an dem Haus vorbei und hörte das Schnarchen. Er trat ein
und sah den Wolf im Bett. Sofort nahm er eine Schere und schnitt dem Wolf
den Bauch auf. Rotkäppchen und die Großmutter sprangen heraus. Da waren
alle drei vergnügt: Sie aßen zusammen den Kuchen und tranken den Wein.

C Es war einmal ein kleines Mädchen. Das hieß Rotkäppchen. Es trug nämlich
immer ein rotes Käppchen. Eines Tages sagte seine Mutter zu ihm:
„Komm, Rotkäppchen, da hast du ein Stück Kuchen und eine Flasche Wein.
Bring das der Großmutter. Sie ist krank. Aber pass gut im Wald auf und komm
nicht vom Weg ab." Die Großmutter wohnte am Ende des Waldes.

D Sofort ging der Wolf zu dem Haus der Großmutter und klopfte an die Tür.
„Wer ist draußen?"
„Rotkäppchen."
„Komm rein! Ich bin zu schwach und kann nicht aufstehen."
Der Wolf machte die Tür auf, ging zum Bett der Großmutter und fraß sie. Dann
zog er ihre Kleider an und legte sich in ihr Bett.

E

Kurz danach kam Rotkäppchen zum Haus. Die Tür war offen.
„Ei, Oma, warum hast du so große Ohren?", fragte Rotkäppchen.
„Damit ich dich besser hören kann."
„Und warum hast du so große Augen?"
„Damit ich dich besser sehen kann."
„Und warum hast du so große Hände?"
„Damit ich dich besser packen kann."
„Und warum hast du einen so furchtbar großen Mund?"
„Damit ich dich besser fressen kann!"
Der Wolf sprang aus dem Bett und fraß das arme Rotkäppchen. Dann legte er
sich wieder ins Bett, schlief ein und fing an zu schnarchen.

(Aus Grimms Märchen, leicht verändert)

A	B	...
...	...	...

5 *Rotkäppchen.* Das ganze Märchen zusammenstellen.

Klebe zwei DIN A4-Seiten in der Mitte zusammen. Kopier die Textteile und die Bilder von Seite 58/59. Schneide die Teile und die Bilder aus. Klebe die Textteile in der richtigen Reihenfolge auf die linke, die Bilder in der richtigen Reihenfolge auf die rechte Seite. Jetzt kannst du das Märchen als Ganzes lesen und vorlesen.

6 Märchen und Präteritum. Such im Rotkäppchen-Text die entsprechenden Formen im Präteritum. Schreib die Tabellen in dein Heft.

Infinitiv	Prät.
sagen (C)	•••
wohnen (C)	•••
fragen (A)	•••
antworten (A)	•••
klopfen (D)	•••
aufmachen (D)	•••
legen (D)	•••
hören (B)	•••

Infinitiv	Prät.
heißen (C)	hieß
tragen (C)	trug
treffen (A)	•••
sprechen (A)	•••
gehen (D)	•••
fressen (D)	•••
kommen (E)	•••
springen (B)	•••
einschlafen (E)	•••

Infinitiv	Prät.
anfangen (E)	•••
eintreten (B)	•••
sehen (B)	•••
nehmen (B)	•••
aufschneiden (B)	•••
essen (B)	•••
trinken (B)	•••
anziehen (D)	•••

7 Regelmäßige und unregelmäßige Verben. Was fällt euch bei den Verben aus Übung 6 auf? Diskutiert in der Klasse.

8 Unregelmäßige Verben. Ordne die Präteritumsformen aus Übung 6 zu. Schreib in dein Heft.

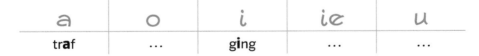

a	o	i	ie	u
tr**a**f	...	g**i**ng	...	...

Grammatik

Präteritum	regelmäßige Verben	unregelmäßige Verben
	wohnen	tragen
ich	wohn**te**	tr**u**g
du	wohn**test**	tr**u**g**st**
er, sie, es	wohn**te**	tr**u**g
wir	wohn**ten**	tr**u**g**en**
ihr	wohn**tet**	tr**u**g**t**
sie	wohn**ten**	tr**u**g**en**

AB S. 52-53: Ü. 1, 2, 3, 4

9 Du bist dran! Jetzt kannst du das Märchen vom Rotkäppchen frei erzählen.

Du kannst so beginnen:
Es war einmal ein Mädchen. Das hieß Rotkäppchen.
Eines Tages …

Es war einmal …
Eines Tages …
Im Wald …
Sofort …
Als es bei der Oma ankam …

Inzwischen …
Plötzlich …
Kurz danach …
Ein Jäger …
Also …

> AB S. 54: Ü. 5, 6

10 *Rothelmchen*: ein modernes *Rotkäppchen*. Erfinde das Märchen. Die Wörter helfen.
Benutze auch die Ausdrücke in Übung 9.

das Mofa
einen roten Helm tragen (trug, getragen)
zur Schule fahren (fuhr, gefahren)
viel Verkehr
nicht aufpassen
ein Auto von rechts kommen (kam, gekommen)
nicht mehr bremsen können
stürzen
verletzt sein
Polizei rufen (rief, gerufen)
helfen (half, geholfen)
ins Krankenhaus fahren (fuhr, gefahren)
jeden Tag besuchen
Blumen und Schokolade mitbringen (brachte, gebracht)
endlich wieder nach Hause können
froh sein
weiter besuchen
manchmal von der Schule abholen
…

Du kannst so beginnen:

Es war einmal ein Mädchen. Das hieß Rothelmchen.
Wenn es mit dem Mofa zur Schule fuhr, trug es nämlich
immer einen roten Helm.
Eines Tages …

…
Und wenn sie nicht gestorben sind, leben sie noch heute.

> AB S. 55: Ü. 7

11 Eine unglaubliche Geschichte, aber wahr! Wer sind die Hauptfiguren in dieser Geschichte? Mach Notizen in deinem Heft.

Rettungsaktion: Genau wie bei Rotkäppchen

Moskau (APA/dpa) – Tierärzte haben in Moskau das Märchen vom Rotkäppchen Wirklichkeit werden lassen. Ein Hamster, ein Hund und ein 5-jähriges Mädchen sind die Protagonisten dieser unglaublichen Geschichte.

Beim Spielen in der Wohnung war der Hamster aus der Hand des Mädchens vor die Füße des Jagdhundes gesprungen, der sofort auf den Hamster sprang und ihn verschluckte.

In der Veterinärpraxis wurde der Hund betäubt und nach wenigen Minuten konnte der bewusstlose Hamster aus dem Magen des Hundes herausoperiert werden. Kurz danach konnte der Hamster wieder laufen. Der Hund wurde wieder zugenäht und das 5-jährige Mädchen weinte vor Freude.

12 Zum Textverständnis: Was stimmt?

1. Das Mädchen heißt Rotkäppchen.

2. Der Hund spielte mit dem Hamster.

3. Der Hund fraß den Hamster.

4. Der Hamster wurde in der Veterinärpraxis operiert.

5. Auch das kleine Mädchen wurde operiert.

6. Der Hamster wurde wieder zugenäht.

7. Der Hamster war leider schon tot.

8. Das Mädchen war glücklich, weil der Hamster noch lebte.

> AB S. 56-58: Ü. 8, 9, 10

▶32 Aussprache! *Hör gut zu und sprich nach!*

Trennbare Verben:

aufpassen	– Pass gut im Wald auf!	eintreten	– Der Jäger trat ein.
reinkommen	– Der Wolf rief: Komm rein!	aufschneiden	– Er schnitt den Bauch auf.
aufmachen	– Der Wolf machte die Tür auf.	herausspringen	– Die Großmutter und
einschlafen	– Der Wolf schlief ein.		Rotkäppchen sprangen heraus.
vorbeigehen	– Der Jäger ging am Haus vorbei.		

Wortschatz wiederholen!

13 Ein Theaterstück aufführen – wenn ihr Lust habt!
Bildet Gruppen von fünf Personen und verteilt die Rollen.

Wer spielt Rotkäppchen, die Mutter, die Großmutter, den Wolf, den Jäger?
Ihr könnt das Märchen variieren, z.B.: Rotkäppchen ist schlauer als der Wolf.
Oder: Die Großmutter hat ein Handy und ruft die Polizei. Oder: …
Sicher habt ihr noch andere Ideen. Benutzt auch Requisiten.

14 Memory mit Verben: Präteritum und Perfekt. Bildet Gruppen (5 – 6 Spieler).
Jede Gruppe schreibt die unregelmäßigen Verben auf Kärtchen (siehe Verbliste
im Arbeitsbuch, Seite 110 / 111.). Jedes Verb bekommt vier Kärtchen.

Zum Beispiel:

| schlafen | er schläft | schlief | hat geschlafen |

Legt alle Kärtchen verdeckt auf den Tisch. Eine Person nimmt ein Kärtchen. Sie nennt die drei
anderen Verbformen. Wenn alle Formen richtig sind, behält sie das Kärtchen und macht weiter.
Wenn auch nur eine Form falsch ist, muss sie das Kärtchen zurücklegen. Eine Person in jeder
Gruppe macht die Kontrolle mit der Verbliste im Buch. Sie sagt aber nur *richtig* oder *falsch*.
Wer am Ende die meisten Kärtchen hat, hat gewonnen.

15 Hier stimmt etwas nicht? Wie heißen die Persönlichkeiten wirklich?
Schreib die Namen in dein Heft.

Dornwittchen   Schneeputtel

Rotröschen   Aschenkönig

Froschkäppchen

Du kannst …

ein Märchen erzählen   Es war einmal eine Prinzessin.
Sie wohnte in einem Schloss.
Eines Tages kam ein Prinz.
Der Prinz brachte einen Ring und eine Blume.
Die Prinzessin verliebte sich in ihn …

Und wenn sie nicht gestorben sind, so leben sie
noch heute.

Wir trainieren

1 **Wer hat Karl Meier gesehen?**

Karl Meier, 38 Jahre alt, unverheiratet, war seit einer Woche verschwunden.
Niemand wusste, wo er war ... Was war passiert?

a. **Sammelt Ideen in der Klasse.**

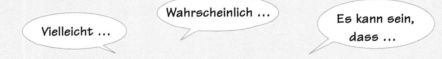

Vielleicht ...

Wahrscheinlich ...

Es kann sein,
dass ...

b. **Hört nun die Geschichte von Karl Meier.** ▶33
   Hört sie zweimal. Findet dann die richtigen Antworten.

Was stimmt?

1. Was ist Karl Meier von Beruf?
   a. Deutschlehrer.
   b. Schuldirektor.
   c. Bankangestellter.

2. Was für ein Mensch ist er?
   a. Er hat viele Freunde.
   b. Er ist schüchtern.
   c. Er langweilt sich nie.

3. Was ist mit Karl Meier passiert?
   a. Er hat eine neue Stelle in Konstanz gefunden.
   b. Er ist nach Griechenland gefahren.
   c. Er hat einen Unfall gehabt.

4. Wie geht es ihm jetzt?
   a. Er ist unglücklich.
   b. Er hat sich verliebt.
   c. Er hat Irene geheiratet.

5. Was wird Karl Meier machen?
   a. Er wird bald seine Eltern in Deutschland besuchen.
   b. Er wird nicht in Griechenland bleiben.
   c. Er wird als Sprachlehrer in einer Sprachschule arbeiten.

2 Wie haben sie sich kennengelernt?

a. Lies die Fragen und die Antworten. Welche Antworten passen zusammen?
Erfinde eine Geschichte.

b. Wie war es wirklich? Hör das Interview mit Werner. Hör es zweimal. ▶34

Was stimmt?

1. Wo haben sich Werner und Martina kennengelernt?

   a. Eines Abends in einer Disko.
   b. In den Sommerferien auf Sizilien.
   c. Auf dem Flughafen in Frankfurt.

2. Was hat Werner gemacht, um Martina zu erobern?

   a. Er hat mit ihr getanzt.
   b. Er hat sofort lange mit ihr geredet.
   c. Er hat ihr seine Adresse gegeben.

3. Wo haben sich Werner und Martina wiedergesehen?

   a. Auf dem Flughafen in Frankfurt.
   b. In einem Café, eine Woche später.
   c. Auf einer Party.

3 Sebastian und seine Mutter sprechen über die Schule. ▶35
Hör zuerst das ganze Gespräch.

a. Lies jetzt die Aussagen 1–5. Hör dann Teil 1 des Gesprächs noch einmal.

Was stimmt?

1. Herr Schmidt ist der Mathelehrer von Sebastian.

2. Sebastian hat eine schlechte Note in Mathe bekommen.

3. Sebastian hat vor der Klassenarbeit nicht gelernt.

4. Klaus hat eine bessere Note bekommen als Sebastian.

5. Sebastian und Klaus haben zusammen für die Klassenarbeit gelernt.

b. Lies jetzt die Aussagen 6–11. Hör dann Teil 2 des Gesprächs noch einmal.

Was stimmt?

6. Sebastian hat jetzt Angst, dass er die Klasse wiederholen muss.

7. Sebastian ist gut in Englisch.

8. Sebastian hat eine Fünf in Englisch bekommen.

9. Sebastian fährt nächsten Sommer nach England.

10. Miss Johns ist die Englischlehrerin von Sebastian.

11. Die Mutter von Sebastian freut sich über die gute Note.

4 Im Supermarkt hängt ein Zettel.

30 Euro Belohnung!!

Ich habe meine Brieftasche beim Radfahren verloren!
Gestern, den 25.5., in der Bahnhofstraße (oder in der Nähe).
Darin waren mein Ausweis, 50 Euro, ein Foto von meiner Freundin und . . .
der Hausschlüssel!
Wenn ich den Schlüssel bis nächste Woche nicht zurückhabe, dann bin ich verloren.
Meine Eltern machen Urlaub in Spanien und kommen am 2. Juni zurück.
Und zurzeit wohne ich bei einem Freund.
Wer kann mir helfen?
Ich war schon bei der Polizei, aber das hat nichts geholfen.
Vielleicht hast DU meine Brieftasche gesehen oder gefunden.
Sie ist blau, aus Plastik, mit einem Zippverschluss. Marke: Fish Bone.

Wenn du sie findest, dann melde dich:

Die 30 Euro warten schon auf dich!

Daniel Struck, Handy: 0186 / 733 76 21

a. Welche Antwort stimmt?

1. Was hat Daniel verloren?

    a. 30 Euro.
    b. Sein Fahrrad.
    c. Seine Brieftasche.

2. Was will Daniel unbedingt zurückhaben?

    a. Seinen Ausweis.
    b. Das Foto von seiner Freundin.
    c. Den Hausschlüssel.

3. Wo wohnt Daniel jetzt?

    a. Bei seinen Eltern in Spanien.
    b. Bei einem Freund.
    c. In der Bahnhofstraße.

b. Du hast eine blaue Brieftasche gefunden, aber es war kein Schlüssel drin.
Du rufst Daniel Struck an.

Spiel das Telefongespräch mit deinem Nachbarn / deiner Nachbarin.

5 Sollte man kleinen Kindern Märchen vorlesen?
Lies die Kommentare. Wer beantwortet die Frage positiv, wer negativ? Schreib eine Tabelle
in dein Heft und kreuz an.

Name	ja	nein
1. Iris	...	...
2. Katja	...	...
...	...	...

1

Ich finde, dass Märchen nicht mehr zeitgemäß
sind. Es gibt viel bessere Kinderbücher, die
sich mit aktuellen Themen und der Realität der
Kinder beschäftigen.

Iris, 32

2

In allen Gesellschaften gibt es Märchen, sie
gehören zum kulturellen Wissen. Deswegen ist
es gut, wenn Kinder früh verschiedene Märchen
kennenlernen und die Geschichten gut kennen.
Im Kindergarten, in der Schule und in den
Medien spielen Märchen nach wie vor eine
große Rolle.

Katja, 25

3

An vielen Märchen wird kritisiert, dass sie
zu grausam sind. Aber das ist die Sicht der
Erwachsenen. Wenn ich meinen kleinen Brüdern
Märchen vorlese, haben sie dabei Spaß und
amüsieren sich. Ich glaube, sie verstehen die
Symbolik der Märchen ganz gut.

Louis, 16

4

Märchen sind sehr einfach aufgebaut. Da gibt
es eine klare Trennung von Gut und Böse. Die
Wirklichkeit ist aber viel komplexer. Das sollten
Kinder frühzeitig lernen. Märchen sind da also
keine geeignete Lektüre.

Christian, 42

5

Märchen sind kindgerecht, weil sie kurz und klar
erzählt sind und oft ein glückliches Ende haben:
Der Prinz wird belohnt, die Hexe wird bestraft.
Außerdem erweitern sie den Wortschatz der
Kinder.

Jan, 30

6

Märchen regen wunderbar die Fantasie
und die Kreativität an. Beides sollte schon
im Kleinkindalter gefördert werden. Kinder
können sich spielerisch mit den Texten
auseinandersetzen. Sie können sich Lösungen
überlegen und zu den Märchen Bilder malen.

Svenja, 28

7

Es wird oft behauptet, dass Märchen Kindern
helfen, ihre Ängste abzubauen. Diese Meinung
kann ich allerdings nicht teilen. Wenn ich
meinen Kinder früher Märchen vorgelesen habe,
konnten Sie nachts oft nicht schlafen. Ich habe
deswegen damit aufgehört.

Barbara, 53

6 Mach Aufgabe a oder b.

a. In einer Jugendzeitschrift liest du den Leserbrief von Annika. Du möchtest ihr schreiben und ihr ein paar Ratschläge geben (ca. 60 Wörter).

An: Die Redaktion antwortet

Sehr geehrte Frau Berger,

bitte helfen Sie mir, ich weiß nicht mehr, was ich tun soll. Vor zwei Wochen war ich in dem Film „Hüter der Erinnerung" mit Brenton Thwaites. Ich fand den Film ganz toll, aber das ist nicht alles: Bitte lachen Sie nicht … Ich habe mich in Brenton Thwaites verliebt! Ich weiß, dass das dumm und verrückt ist, aber es ist so. Ich kann nicht mehr schlafen, ich kann keine Hausaufgaben mehr machen, ich kann nur noch an ihn denken. Und wenn ich schlafe, dann träume ich von ihm.

Ich habe schon alles Mögliche versucht, um ihn zu vergessen: Ich bin dreimal in der Woche ins Fitness-Studio gegangen, um mich abzulenken. Ich habe mich mit meinen Freundinnen getroffen und wir sind in andere Filme gegangen, damit ich ihn vergesse, aber es hilft alles nichts. Vielleicht können Sie mir einen Ratschlag geben, was ich tun soll!

Annika

Du kannst den Brief mit deinem Nachbarn / deiner Nachbarin zusammen schreiben. Schreib / Schreibt zu den Punkten:

1. Stell dich / Stellt euch vor.
2. Du verstehst sie. / Ihr versteht sie. (Vielleicht hast du / habt ihr etwas Ähnliches auch schon erlebt.)
3. Gib / Gebt 2 – 3 Ratschläge.
4. Bitte / Bittet sie um eine Antwort. Du möchtest / ihr möchtet wissen, wie es ihr jetzt geht.

Vergiss / Vergesst nicht Datum, Absender und Gruß.

b. Am „Schwarzen Brett" in deiner Schule hängt diese Anzeige für einen Ferienjob. Du hast Interesse an dem Job. Schreib etwas zu den fünf Punkten:

Tierpark Hellbrunn

Du magst Tiere und möchtest in den Ferien ein bisschen Geld verdienen? Unsere Tierpflegerin im Affenhaus braucht deine Hilfe!

Wenn du Interesse hast, schreib einfach an:
Direktion
Tierpark Hellabrunn
Tierparkstr. 30
D-81543 München

1. Stell dich vor.
2. Schreib, warum du im Tierpark arbeiten möchtest.
3. Sag, wann du in den Ferien Zeit hast.
4. Sag, wie gut du Deutsch sprechen kannst.
5. Stell Fragen über den Job.

7 Zieh eine Karte.
Welche Situation siehst du auf der Karte?
Was sagt die markierte Person?

Beispiel:

Mögliche Lösung: *Als ich 12 war, konnte ich schon*
                    Tennis spielen.

8 Gemeinsam eine Sprachreise planen.
Arbeitet zu zweit. Plant gemeinsam eine Sprachreise nach Deutschland.
Diskutiert und entscheidet: Wie soll die Sprachreise organisiert sein?

Überlegt euch folgende Punkte:

– Lage des Kursorts (Groß- oder Kleinstadt, Bundesland, …?)

– Unterkunft (Gastfamilie, in Einzel- oder Mehrbettzimmern auf dem Campus wohnen, …?)

– Unterrichtsstunden (Wie viele, nur vormittags oder auch nachmittags, …?)

– Organisation der Reise (nur Sprachkurs oder Sprachkurs und Freizeitprogramm?)

– Freizeitprogramm (Spiel- und Sportangebote, Besichtigungen, …?)

– …

Stellt eure Ergebnisse in der Klasse vor.

Grammatik

1. Das Perfekt (2) (siehe auch Arbeitsbuch, Seite 110/111.)

● Gebrauch:
Mit dem Perfekt erzählt man mündlich, was man in der Vergangenheit (gestern, am Wochenende, früher, …) gemacht hat oder was passiert ist.

a. Lies den Dialog.

Tina:	Mutti, Vati, wie **habt** ihr euch **kennengelernt**?
Herr Weigel:	Ich **habe** eine Anzeige **aufgegeben**.
Frau Weigel:	Und ich **habe** auf die Anzeige **geantwortet**.
Tina:	Und wie ist es **weitergegangen**?
Frau Weigel:	Wir **haben** uns in einem Café **verabredet**.
Herr Weigel:	Ja, ich bin ins Café **gegangen**, mit einer Rose in der Hand …
Frau Weigel:	… und ich **habe** schon auf dich **gewartet**!
Tina:	Was **habt** ihr bei eurem ersten Treffen **gedacht**?
Frau Weigel:	Was für ein komischer Typ, **habe** ich **gedacht** …
Tina:	Später **habt** ihr euch aber doch noch ineinander **verliebt**!
Herr/Frau Weigel:	Ja, und dann **haben** wir **geheiratet** und Kinder **bekommen** …

Du hast schon gelernt, wie man das Perfekt im Deutschen bildet. Wir wiederholen die Regeln.

b. Überprüf die Regeln an den Beispielen in Text a.

1: Teile
Das Perfekt hat zwei Teile: „haben" oder „sein" + Partizip Perfekt.

2: *haben* oder *sein*
● Verben mit Akkusativ: Perfekt mit „haben".
● Verben mit Bewegung von A ⌒→ B: Perfekt mit „sein".
Auch die Verben „sein", „bleiben", „werden" bilden das Perfekt mit „sein".

3: Regelmäßige/unregelmäßige Verben
● Partizip Perfekt regelmäßige Verben:
Vor das Verb kommt **ge-**, an den Verbstamm kommt **-t**;
an den Verbstamm mit -t oder -d (z.B. antworten, reden) kommt **-et**.
● Partizip Perfekt unregelmäßige Verben:
Vor das Verb kommt **ge-**, an den Verbstamm kommt **-en**.

4: Verbstamm
Die unregelmäßigen Verben ändern manchmal den Vokal.

5: Verben mit Präfix, Verben auf „-ieren"
● Trennbare Verben: **ge-** ist zwischen dem Präfix und dem Verb.
● Untrennbare Verben: kein **ge-**.
● Verben … auf „-ieren" (passieren): kein **ge-**, an den Verbstamm kommt **-t**.

6: Wortstellung

„sein"/„haben" stehen auf Position 2, das Partizip Perfekt steht am Ende.

Beachte: ● Besondere Formen:

denken – ged**acht**, rennen – ger**annt**, kennen – gek**annt**, br**i**ngen – gebr**acht**,

w**i**ssen – gew**u**sst (= Mischverben); sein – gewesen, essen – ge**g**essen, …

● „sein", „haben" und Modalverben:

Man verwendet meist Präteritum (siehe Punkt 2).

c. Ergänze die Verbformen. Lies laut.

1

● Was ● ihr denn am Wochenende ● ?

● Ach, es ● ein tolles Wochenende! Am Samstag

● wir mit Freunden an einen Badesee ●.

Wir ● den ganzen Tag dort ●, ● Volleyball ●,

● ● und ● Pizza ●.

So um 18.00 Uhr ● wir ● und ins Kino ●.

Am Sonntag ● ich lange ●. Ich ● erst so gegen 11.00 Uhr ●,

● gemütlich ● und ● dann den Tag mit meiner Freundin ●.

machen
sein
fahren
bleiben, spielen
schwimmen, essen
zurückfahren, gehen
ausschlafen, aufstehen
frühstücken, verbringen

2. Das Präteritum

a. Lies die beiden Textbeispiele.

1.

Es **war** einmal eine Prinzessin. Sie **hieß** Mathilda und **lebte** in einem wunderschönen Schloss.
Aber eines Tages **kam** eine böse Fee und **sprach**: „Du sollst ab heute hundert Jahre schlafen." Da
fiel die Prinzessin in einen tiefen Schlaf. Als die hundert Jahre vorbei **waren**, **kam** ein Prinz und
küsste sie wach.

2.

„Also, gestern Abend **war** ich in der Stadt. Es **war** schon dunkel, die Straßen und Plätze **waren**
leer. Plötzlich **kam** ein dunkler Schatten hinter mir her.
Ich **bekam** Angst und **lief** immer schneller. Auch der Schatten **lief** schneller. Ich **wollte** rennen,
aber ich **konnte** nicht. Aber dann **hörte** ich einen Hund bellen – der Schatten **hatte** einen Namen
– es **war** mein Hund Bello!"

● Gebrauch:

Das Präteritum findet man in schriftlichen Erzählungen und in Märchen.
Man gebraucht es auch in längeren mündlichen Berichten (Monologen).

b. Schau die Tabellen mit den Präteritumformen an.

	sein	haben	leben	heiraten	kommen	gehen
			regelmäßige Verben		**unregelmäßige Verben**	
ich	war	hatte	lebte	heiratete	kam	ging
du	warst	hattest	lebtest	heiratetest	kamst	gingst
er sie es	war	hatte	lebte	heiratete	kam	ging
wir	waren	hatten	lebten	heirateten	kamen	gingen
ihr	wart	hattet	lebtet	heiratetet	kamt	gingt
sie	waren	hatten	lebten	heirateten	kamen	gingen
Sie	waren	hatten	lebten	heirateten	kamen	gingen

2

Ergänze die Regeln:

◉ Regelmäßige Verben: Verbstamm + ◉ + Personen-Endung;
Verbstamm mit -t oder -d: ete + Personen-Endung.
◉ Unregelmäßige Verben: Verbstamm + Personen-Endung,
der Verbstamm ◉ manchmal den Vokal.
◉ Im Präteritum sind die 1. und die 3. Person ◉.

TIPP: Lern immer vier Formen: sprechen – er spricht – sprach – hat gesprochen

	können	dürfen	müssen	wollen	sollen
	Modalverben				
ich	konnte	durfte	musste	wollte	sollte
du	konntest	durftest	musstest	wolltest	solltest
er sie es	konnte	durfte	musste	wollte	sollte
wir	konnten	durften	mussten	wollten	sollten
ihr	konntet	durftet	musstet	wolltet	solltet
sie	konnten	durften	mussten	wollten	sollten
Sie	konnten	durften	mussten	wollten	sollten

3

Ergänze die Regel:

Modalverben: Im Präteritum sind die 1. und die 3. Person ◉.

c. Ergänze die Verben in der richtigen Form. Lies laut.

4

Ein Wunderkind

Mit 5 Monaten ◉ Eva schon laufen, mit drei Jahren ◉ sie lesen.
Als sie in die Schule ◉, ◉ sie schon alles über die Welt. Schon bald
◉ sie kleine Geschichten und ◉ sie den anderen vor. Mit acht Jahren
◉ sie dann schon aufs Gymnasium. Auch da ◉ alles ganz schnell. Nach
sechs Jahren ◉ sie das Abitur und ◉ mit 14 Jahren das Studium an der
Universität … Aber – ◉ sie auch glücklich?

können, lernen
kommen, wissen
schreiben, lesen
dürfen, gehen
machen, beginnen
sein

3. Nebensatz mit *dass* (Perfekt)

Lies die Beispiele.

Frau Weigel erzählt: Mit 15 **bin** ich oft ins Kino gegangen.

Tina fragt: Stimmt es, **dass** du manchmal heimlich ins Kino <u>gegangen</u> **bist**?
Frau Weigel: Ja, und ich bin froh, **dass** es damals niemand <u>gemerkt</u> **hat**.

5

Ergänze die Regel:

Im Nebensatz steht das Verb mit der Personen-Endung (das „konjugierte Verb") ganz ●.

4. Nebensatz mit *als*

a. Lies die Beispiele.

Als Rotkäppchen im Wald **war**, traf es den Wolf.
Als Rotkäppchen zum Haus der Großmutter **kam**, lag der Wolf im Bett.

b. Übersetze die Beispiele in a in deine Sprache. Wie übersetzt du „als"?

Beachte: **als, wenn**

	Vergangenes
Als sie 15 war, interessierte sich Frau Weigel für Filme.	Einmalig: Frau Weigel war nur einmal 15.
Wenn sie ein wenig Taschengeld übrig hatte, ging sie heimlich ins Kino.	Immer wieder: Jedes Mal, wenn …

Beachte: ● Fragewort temporal: **Wann** hast du Zeit? – Morgen vielleicht.
            ● „wenn" im Nebensatz: **Wenn** du Zeit hast, gehen wir in die Stadt.

Lösungen für ●:
❶ habt … gemacht, war; sind … gefahren, sind … geblieben, haben … gespielt, sind … geschwommen, haben … gegessen; sind … zurückgefahren, gegangen, habe … ausgeschlafen, habe … aufgestanden; bin … gefrühstückt, habe … verbracht
❷ Regelmäßige Verben: Verbstamm + **-te** + Personen-Endung; unregelmäßige Verben: … der Verbstamm **ändert** manchmal den Vokal. Im Präteritum sind die 1. und 3. Person **gleich**.
❸ Modalverben: Im Präteritum sind die 1. und 3. Person **gleich**.
❹ konnte, lernte; kam, wusste, schrieb, las, durfte, ging, machte, begann, war
❺ Im Nebensatz steht das konjugierte Verb ganz **am Ende**.

Teste dein Deutsch!
Wortschatz und Grammatik

1 Nenn 5 Märchenfiguren.

2 Hier sind 6 Adjektive versteckt.

jopnaivrüwtrsdböselqxtöfzschüchternamhgkbvergnügtwymüdepszkomischrnost

3 Definitionen: Was passt zusammen?

1. die Verabredung	a. Man kommt nicht rechtzeitig.
2. das Taschengeld	b. Man braucht es beim Fahrradfahren.
3. der Helm	c. Man findet sie in der Zeitung.
4. das Abitur	d. Das passiert auch mit Freunden.
5. die Anzeige	e. Man bekommt es meist von den Eltern.
6. die Verspätung	f. Man trifft sich an einem bestimmten Ort.
7. der Streit	g. Abschlussprüfung im Gymnasium.

4 Was passt hier?

Sie ...**1**... immer sehr gut in der Schule. Sie ...**2**... den anderen in Mathe geholfen. Sie
...**3**... sehr gut Englisch. Deshalb ...**4**... sie mit 15 eine Sprachreise nach England gemacht.
Später ...**5**... sie nach München umgezogen. Ich ...**6**... sie dann in Berlin wiedergetroffen
und wir ...**7**... Freunde geworden.

1 war	**2** hat	**3** hatte	**4** ist	**5** ist	**6** bin	**7** sind
hatte	ist	konnte	hat	hat	habe	haben

5 Ergänze die Wendungen.

Es war Liebe •••
Und wenn sie nicht gestorben sind, •••

6 Erzähl etwas aus deinem Leben. Schreib circa 5 Zeilen in dein Heft.

Du kannst so anfangen:
Als ich ...

Selbstkontrolle

Lösungen auf Seite 142

Du hast ...
... maximal 4 Fehler: SEHR GUT! Mach weiter so!
... 5 bis 8 Fehler: noch o.k. Aber du kannst es besser!
... mehr als 8 Fehler: Wiederhol die Übungen von Modul 8.

Persönlichkeit, Mode, Beziehungen

Du lernst ...

- **Personen beschreiben**
  - Aussehen
  - Charakter
- **die Namen der Sternzeichen**
- **Kleidungsstücke beschreiben**
- **Ratschläge / Tipps geben**
- **Wünsche äußern**
- **ein Lied auf Deutsch**

- **fragen**
  Was für ein Typ ist dein Vater?
  Was für ein Sternzeichen bist du?
  Wie sieht deine Freundin aus?
  Was soll ich anziehen?

  Ist eure Deutschlehrerin
  sympathisch?

- **sagen**
  Wenn ich du wäre, würde ich weniger fernsehen.
  Es wäre schön, wenn ich mehr Taschengeld hätte.

- **auf Fragen antworten**
  Er ist ein humorvoller Typ.
  Ich bin Krebs, und du?
  Sie hat ein rundes Gesicht, kurze Haare, ...
  Zieh die gestreifte Bluse an!
  Ich würde den grünen Pullover anziehen.
  Du solltest das schicke Kleid anziehen.
  Sie ist die sympathischste Lehrerin, die wir
  je gehabt haben.

Modul 9

Lektion 1

Was für ein Typ ist Thomas?

tolerant launisch faul kontaktfreudig aktiv unsympathisch

geduldig autoritär schüchtern sportlich introvertiert attraktiv

sympathisch energisch sensibel ruhig humorvoll extrovertiert

1 Du kennst Familie Weigel schon lange. Was meinst du:
Welche Adjektive passen zu den einzelnen Familienmitgliedern?
Diskutiert in der Klasse.

● Ich finde, Herr Weigel ist ziemlich autoritär.

● Nein, er ist nicht autoritär. Er ist sehr tolerant.

● Und Tina? Ich finde, sie ist ...

2 Wie sind deine Eltern, deine Geschwister, deine Freunde, ...?

> Meine Mutter
> ist sehr autoritär.

> Mein Vater
> ist sensibel, geduldig
> und tolerant.

3 Wer ist das? Spiel mit.

Ein Schüler denkt an einen Mitschüler / eine Mitschülerin. Er antwortet auf Fragen nur mit „Ja"
oder mit „Nein".
Die Klasse wird in zwei Gruppen geteilt. Jede Gruppe stellt Fragen und versucht zu erraten, wer
das ist. Die Gruppe, die zuerst die richtige Person errät, gewinnt.

Mögliche Fragen:

– Ist das ein Junge / ein Mädchen?
– Sind seine / ihre Haare blond, schwarz, lang, kurz, glatt, lockig, … ?
– Ist er / sie groß, klein, dick, dünn, … ?
– Sind seine / ihre Augen schwarz, hellblau, grün, braun, … ?
– Ist er / sie nett, sympathisch, humorvoll, … ?
– Ist er / sie sportlich, fleißig, ein bisschen faul, aktiv, dynamisch, … ?

> AB S. 65: Ü. 1

4 Thomas, ein netter Typ.

Vor ein paar Tagen hat Tina Thomas kennengelernt. Er ist 16 Jahre alt und geht in dieselbe
Schule. Tina findet ihn sehr nett. Er ist ein sensibler, extrovertierter, kontaktfreudiger,
sportlicher Typ. Ja, er gefällt ihr.

Lies laut und ergänze dabei.

● Ist Thomas nett?
● Ja, er ist ein wirklich nett**er**, sensibl**er**, …, …, … Typ.

5 Reihenübung: Fragt und antwortet.

Ich bin ein humorvoller Typ. Und du? Was für ein Typ bist du? → Ich bin ein schüchterner Typ.
Und du? Was für ein Typ bist du? → Ich bin …

6 Wie sind deine Eltern, deine Geschwister, deine Verwandten?

					Person.
Mein Vater			sympathisch-		Mann.
Meine Mutter			tolerant-		
Mein Bruder		ein	humorvoll-	-er	Frau.
Meine Schwester	ist	eine	ruhig-	-e	Junge.
Mein Onkel	sind	ein	launisch-	-es	Mädchen.
Meine Tante		–	geduldig-	-e	Personen.
Meine Eltern			autoritär-		Typ.
Meine Freunde			sensibl-		Leute.

Übt zu zweit wie in den Beispielen a und b.

a. ● Was für ein Typ ist dein Vater?
   ● Mein Vater ist ein humorvoller Mann.

b. ● Und deine Mutter? Was für ein Typ ist deine Mutter?
   ● Meine Mutter ist eine sensible Person.

▶ AB S. 65-66: Ü. 2, 3, 4

7 Kennst du die Sternzeichen?

Steinbock — 22. Dezember - 20. Januar

Wassermann — 21. Januar – 18. Februar

Fische — 19. Februar – 20. März

Widder — 21. März – 20. April

Stier — 21. April – 20. Mai

Zwillinge — 21. Mai – 21. Juni

Krebs — 22. Juni – 22. Juli

Löwe — 23. Juli – 23. August

Jungfrau — 24. August – 21. September

Waage — 22. September – 23. Oktober

Skorpion — 24. Oktober – 22. November

Schütze — 23. November – 21. Dezember

8 Reihenübung. Fragt und antwortet.

⇆ Ich bin Krebs. Und du? → Ich bin Wassermann. Und du? → Ich bin ...

Grammatik

Thomas	ist	(k)ein	netter	Junge.
Meine Tante	ist	(k)eine	tolerante	Person.
Tina	ist	(k)ein	sensibles	Mädchen.
Deine Freunde	sind		sympathische	Typen.
Meine Eltern	sind	keine	autoritären	Menschen.

9 Welche Adjektive passen zu welchem Sternzeichen? Bildet weitere Dialoge.

● Ich glaube, Löwe-Menschen sind autoritäre Menschen.

● Ja, stimmt. Mein Onkel ist Löwe und er ist ein autoritärer Mensch.

● Nein, stimmt nicht. Ich bin Löwe, aber ich bin kein autoritärer Mensch.

AB S. 66: Ü. 5

10 Wie sieht Thomas aus? – Hör zu. ▶36

Das ist Thomas. Er ist ein netter, sensibler, warmherziger Typ. Und er sieht gut aus: Er hat ein ovales Gesicht, dunkelbraune Augen, kurze, glatte Haare, eine schöne, gerade Nase, einen schmalen Mund und ein markantes Kinn.

11 Lies laut und ergänze dabei.

Bausteine

	ein	oval..	Gesicht,
	–	dunkelbraun..	Augen,
Er hat	–	kurz.., glatt..	Haare,
	ein..	schön.., gerad..	Nase,
	ein..	schmal..	Mund und
	ein	markant..	Kinn.

Grammatik

m	Er hat	einen schmalen	Mund.	(keinen schmalen Mund)
f	Er hat	eine gerade	Nase.	(keine gerade Nase)
n	Er hat	ein markantes	Kinn.	(kein markantes Kinn)
Pl	Er hat	glatte	Haare.	(keine glatten Haare)

12 Das bin ich! So sehe ich aus.

das Gesicht: rund, oval, quadratisch, schmal, schön, ...
die Augen: hellblau, grün, braun, ...
der Mund: klein, groß, schmal, voll, ...
die Nase: klein, groß, dick, lang, ...
die Ohren: klein, groß, abstehend, ...
die Haare: lang, kurz, glatt, lockig, blond,
dunkelblond, braun, schwarz, ...
der Körper: athletisch, durchtrainiert, muskulös, ...
die Figur: schön, schlank, harmonisch, ...

> Ich habe
> ein rundes Gesicht,
> eine kleine Nase, ...

▶ AB S. 67: Ü. 6, 7

13 Beschreib diese Personen.

1 2 3 4 5

● Die Frau auf Bild 2 hat schöne, lange Haare, ...
● Der Junge auf Bild 4 ...

14 Julia beschreibt ihre neue Freundin. Hör zu und lies mit. ▶37

Seit diesem Schuljahr habe ich eine neu.. Freundin. Sie heißt Olivia. Sie ist zwar keine

Schönheit, aber sie sieht sehr lustig aus: Sie hat lang.., rot.., lockig.. Haare, eine klein..,

spitz.. Nase mit Sommersprossen, grün.. Augen, und einen groß.., lachend.. Mund. Sie ist

ein romantisch.. Typ und ein ziemlich extrovertiert.. Mädchen: Sie redet und lacht viel. Sie

hat einen fröhlich.. Charakter und eine stark.. Persönlichkeit: Sie macht nur, was sie will.

Genau das gefällt mir an ihr!

▶ AB S. 68: Ü. 8

15 Lies den Text über Julias Freundin laut und ergänze dabei die Endungen.

16 Ersetze im Text von Übung 14 die beiden Mädchen durch zwei Jungen.

Beginne so: Jan beschreibt seinen neuen Freund. Seit ...

17 Was denkst du über Stefanie? – Diskutiert in der Klasse.

- Wie alt ist Stefanie?
- Geht sie noch in die Schule?
- Wie ist sie? (nett, arrogant, introvertiert, ...)
- Hat sie viele Freunde oder ist sie einsam?
- Wie zieht sie sich an?
- Was isst sie gern?
- Was macht sie in ihrer Freizeit?
- Was möchte sie werden?
- Gefällt sie dir?

Stefanie

18 Lies den Text. Wie ist Stefanie wirklich? Beantworte die Fragen aus Übung 17 noch einmal.

Stefanie ist eine gut aussehende 18-jährige Schülerin. Ab und zu jobbt sie als Model für eine Agentur, die Modekataloge macht. „Das finde ich toll und es macht mir Spaß. Ich mag diesen Job, denn man kann reisen und man lernt dabei viele interessante Leute kennen." Nach der Schule möchte Stefanie noch einige Zeit als Model arbeiten. Aber sie weiß, dass Schule und Studium wichtiger sind als gutes Aussehen.
Später möchte sie Tierärztin werden, sie liebt Tiere!
In ihrer Freizeit zieht sie ganz normale Klamotten an, sie geht in Jeans und T-Shirt ins Kino oder in die Disko. Auf das Gewicht muss Stefanie nicht achten. Sie isst gern Spaghetti, Pizza, Pommes frites und Schokolade.
Und die Freunde? „Die finden mich ganz normal, auch wenn ich Model bin. Am Anfang gab es manchmal hässliche Bemerkungen. Viele Mädchen waren neidisch. Aber ich glaube, dass ich meine Persönlichkeit und meinen Charakter nicht verändert habe."
Anne, Stefanies Freundin, sagt: „Ich finde es wichtig, dass Stefanie trotz ihres Erfolgs als Model genauso nett wie früher ist. Sie ist gar nicht eingebildet oder arrogant. Und das gefällt mir an Stefanie."

Wortschatz wiederholen!

19 Adjektive: Welche Endung passt? Schreib die Adjektive in eine Tabelle in deinem Heft.

sport-
akt-
humor-
laun-
temperament-
geduld-
sympath-
toler-
herz-
regelmäß-
moll-
gefähr-
natür-

-isch
-iv
-voll
-lich
-ant
-ig

freund-
energ-
attrakt-
unruh-
kontaktfreud-
wicht-
arrog-
höf-
lust-
unmög-
schreck-
vorsicht-
eleg-

Adjektive mit ...

-isch	-lich	-ig	-voll	-iv	-ant
•••	•••	•••	•••	•••	•••

20 Wie sieht sie denn aus!
Kannst du sie beschreiben?

▶38 Aussprache! Hör gut zu und sprich nach!

- muskulös, autoritär; elegant, tolerant, markant; effizient
- aktiv, passiv; naiv, attraktiv, kreativ; sensibel
- natürlich, freundlich; geduldig, wichtig
- pessimistisch, optimistisch, energisch; sympathisch, ideal
- humorvoll, temperamentvoll, kontaktfreudig

Du kannst ...

fragen

Was für ein Typ ist er?

Wie sieht deine Freundin Eva aus?

Was für ein Sternzeichen bist du?

auf Fragen antworten

Er ist ein netter, sensibler Typ.

... ...

Sie hat kurze Haare, ein rundes Gesicht, einen kleinen Mund, ...

... ...

Ich bin Steinbock. Und du?

AB S. 68-69: Ü. 9, 10, 11

39 *Wir singen:* Hast du den Mann da gesehen?

Hast du den Mann da ge-sehen? Der sieht so ko-misch aus.

Ei - nen lan - gen Hals hat er und ei - nen schma-len Mund.

Lan - gen Hals, schma - len Mund.

Hast du den Mann da gesehen?
Der sieht so komisch aus.
Eine dicke Nase hat er
und lange, große Ohren.
Langen Hals,
schmalen Mund,
dicke Nase,
große Ohren.

Hast du den Mann da gesehen?
Der sieht so komisch aus.
Eine schöne Glatze hat er
und ein rundes Gesicht.

Langen Hals,
schmalen Mund,
dicke Nase,
große Ohren,
schöne Glatze,
rundes Gesicht.

Hast du den Mann da gesehen?
Der sieht so komisch aus.
Weißt du, wer der Mann da ist?
Mein lieber Freund Fritz.

Dichte den Text weiter:

Hast du die Frau da gesehen?
Die sieht ja super aus!...

Was soll ich anziehen?

Tinas Garderobe

der Pullover, -

die Mütze, -n

das Sweatshirt, -s

der Schal, -s

die Jacke, -n

der Mantel, ¨

das Hemd, -en

die Jeans

das Kleid, -er

der Rock, ¨e

die Bluse, -n

das T-Shirt, -s

der Anorak, -s

die Hose, -n

die Stiefelette

die Halbschuhe

die Sportschuhe

1 Was hast du heute an?

- Ich habe ein Sweatshirt, Jeans und Tennisschuhe an.
- Ich habe einen Pullover, eine Hose und Sportschuhe an.
- Ich habe ...

2 Welche Kleidungsstücke gefallen dir (nicht)?

● Mir gefällt die Hose, aber die Halbschuhe finde ich hässlich!
● Mir gefällt das Sweatshirt, aber den Rock finde ich nicht so schön.
● Mir gefällt …

> AB S. 70: Ü. 1

3 Was passt zu wem? – Übt zu zweit.

das elegante Kleid

der kurze Rock

der altmodische Mantel

die gestreifte Bluse

der blaue Pullover

das praktische T-Shirt

die bequemen Sportschuhe

die braunen Halbschuhe

die graue Hose

der gepunktete Schal

Ann-Kathrin   **Lisa**   **Tobias**   **Herr Hoffmann**

● Der altmodische Mantel passt zu Herrn Hoffmann.
● Ja, richtig. Und der blaue Pullover passt zu Lisa.
● Nein, ich finde, der blaue Pullover passt eigentlich nicht zu Lisa. Er passt zu …

> AB S. 71-72: Ü. 2, 3, 4

4 Was soll ich anziehen? Hör zu und sprich nach. ▶40

Heute gehe ich aus. Aber was soll
ich denn anziehen? Das blaue Kleid?
Zu altmodisch. Die abgetragenen Jeans?
Praktisch, aber nicht so elegant.
Den verrückten Rock? Hilfe!
Wer kann mir einen Tipp geben?

5 Gib Tina einen Tipp.

Ich würde
das blaue Kleid
anziehen!

Tina, ich
würde die abgetragenen
Jeans anziehen!

Grammatik

Nominativ			Akkusativ		
m	der	grüne	Pullover	den	grünen	Pullover
f	die	gestreifte	Bluse	die	gestreifte	Bluse
n	das	elegante	Kleid	das	elegante	Kleid
Pl	die	abgetragenen	Jeans	die	abgetragenen	Jeans

6 Wie findest du ...? – Übt zu zweit.

● Wie findest du den blauen Mantel?
● Den blauen Mantel finde ich sehr elegant!

Ebenso mit:

lang – Rock	→	unpraktisch
weiß – T-Shirt	→	schön
blau – Hose	→	modisch
gepunktet – Bluse	→	hässlich
schwarz – Schuhe	→	elegant
rot – Pullover	→	schick

AB S. 73: Ü. 5

7 Welches Sweatshirt würdest du anziehen?

● Welches Sweatshirt würdest du anziehen? Das rote oder das gelbe?
● Ich würde das rote anziehen.

Ebenso mit:

Jacke → elegant / sportlich   Pulli → rot / grün
Kleid → lang / kurz   Schuhe → elegant / bequem
Mantel → blau / braun   Hemd → weiß / blau

8 Die passende Kleidung.

● Ich gehe heute Abend ins Theater.
  Was soll ich anziehen?
● An deiner Stelle würde ich das elegante Kleid anziehen.

Ebenso mit:

Kino – Disko – (zu) Rock-Konzert – (auf) Party –
Restaurant – (zu) Holiday on Ice – (zu) Fußballspiel, …

> **Grammatik**
>
> **Konjunktiv II**
> ich würde … anziehen
> du würdest … anziehen
> er würde … anziehen

> **AB S. 73 - 74: Ü. 6, 7**

9 Interview mit Timo, dem Punker. ▶41
Schau dir die Zeichnung von Timo an: Wie sieht er aus?

a. Hör jetzt das Interview und finde heraus, was zusammenpasst.

kaputte	Haare
zerrissenes	Basketschuhe
gefärbte	Tattoo
schwarze	T-Shirt
enge	Lederjacke
geiles	Jeans

b. Jetzt kannst du Timo beschreiben.

Timo trägt / hat …

c. Hör den Text noch einmal. Was stimmt?

1. Timo geht regelmäßig zum Frisör.

2. Timo hat sich gepierct.

3. Timo findet Klamotten sehr wichtig.

4. Timo kauft gebrauchte Klamotten.

5. Timo denkt oft an seine Zukunft.

> **AB S. 74: Ü. 8**

10 Gehst du mit der Mode?
Was denken Jugendliche über das Thema Mode? Hier einige Meinungen.

Klara

Ich finde es toll, mich nach der Mode zu kleiden.
Im Moment finde ich Hosen, die ganz niedrig an den Hüften
getragen werden, einfach cool. Es gefällt mir, Klamotten zu
tragen, die „in" sind. Dafür gebe ich gern mein Taschengeld aus.

Ich finde Mode nicht so wichtig.
Viele von meinen Klassenkameraden
kaufen teure Klamotten, ich nicht.
Und es gibt sogar Cliquen, wo man
nicht akzeptiert wird, wenn man
sich nicht wie die anderen kleidet.
Das finde ich blöd!

Oliver

Anja

Ich finde die neue Mode super! Ich mag den neuen Stil.
Auch die Farben gefallen mir sehr. Eines finde ich aber unmöglich:
diese Schuhe mit den Spitzen! Wie kann man mit so was
rumlaufen? Aber abgesehen davon bin ich der Typ, der sich gern
nach der Mode kleidet. Und wenn ein Kleidungsstück aus der
Mode kommt, bleibt es dann im Kleiderschrank hängen. Und das
ärgert natürlich meine Mutter sehr.

Wenn ich neue Kleider brauche, kaufe ich mir Sachen,
die mir gut stehen und die nicht zu teuer sind. Aber ich frage
mich nicht, ob sie modisch sind oder nicht. Im Moment sind
meine Jeans mein schönstes Kleidungsstück.
Ich würde sie nie mit einem anderen modischen Kleidungsstück
tauschen. Für mich sind sie immer modisch!

Erik

a. Wer ist für die Mode? Wer ist gegen die Mode?

	dafür	dagegen
Klara	...	...
Oliver	...	...
Anja	...	...
Erik	...	...

b. Wer sagt was?

1. Ich kaufe mir Sachen, die mir gefallen, egal ob sie modisch oder nicht modisch sind.

2. Ich gehe immer mit der Mode.

3. Ich kaufe keine teuren Klamotten.

4. Schuhe mit Spitzen finde ich unmöglich.

5. Wenn ein Kleidungsstück nicht mehr modisch ist, trage ich es nicht mehr.

6. Ich liebe meine Jeans.

7. In einigen Cliquen sind Klamotten sehr wichtig.

8. Hüfthosen gefallen mir sehr.

11 Findest du, dass Mode wichtig ist? – Diskutiert in der Klasse.

sagen, was man meint	**Zustimmung**	**Ablehnung**
• Ich finde, Mode ist	• Ja, ich finde Mode auch	• Ich finde nicht, dass ... .
• Ich finde, dass Mode	• Ja, das finde ich auch.	• Ich finde das (überhaupt) nicht.
• Mode ist doch	• Ich finde auch, dass	
• Für mich ist Mode	• Ja, für mich ist Mode auch	• Für mich ist Mode nicht ... .
• Mode ist für mich	• Mode ist für mich auch	• Für mich ist das nicht so: Für mich ...
		• Für mich ist das anders: ...
• Meiner Meinung nach ist Mode	• Ja, das ist auch meine Meinung.	• Ich habe da eine andere Meinung.
	• Ja, das meine ich auch.	• Nein, das meine ich nicht.
	• Ich stimme dir zu.	• Ich stimme dir nicht zu.
	• Ich sehe das auch so.	• Ich sehe das anders.
	• Ich bin dafür.	• Ich bin dagegen.

Ich finde, dass ...

Ja, für mich ist ... auch ...

Ich sehe das anders.

Wortschatz wiederholen!

12 Sag es anders!

1. Die Bluse hat Streifen. Sie ist •••.
   Eva trägt eine ••• Bluse.
2. Der Schal hat Punkte. Er ist •••.
   Ina trägt einen ••• Schal.
3. Die Haare sind grün. Sie sind •••.
   Er hat ••• Haare.
4. Das T-Shirt hat Löcher. Es ist •••.
   Er trägt ein ••• T-Shirt.
5. Die Lederjacke ist nicht modern. Sie ist •••.
   Was für eine ••• Lederjacke!

13 Lauter •••! Schreib die Wörter mit dem Artikel in dein Heft.

			K								
1.	B	•	U	•	E						
2.	H	•	M	•							
3.	W	•	N	•	J	•	C	•	E		
4.	•	L	•	I	•							
5.	P	•	L	•	O	•	E	•			
6.	•	A	•	T	•	L					
			G								
7.	•	C	•	A	•						
8.	•	E	•	N	•						
9.	•	P	•	R	•	S	•	H	•	H	•
10.	M	•	T	•	E						
11.	•	O	•	K							
12.	A	•	O	•	A	•					
			E								

Du kannst …

fragen

Wie findest du das schwarze Kleid?

Wie findest du Schuhe mit Spitzen?

Was soll ich anziehen?

auf Fragen antworten

Ich finde das schwarze Kleid sehr elegant. ✓

Schuhe mit Spitzen sind hässlich. ✓

… … …

Ich würde das blaue Polohemd anziehen. ✓

An deiner Stelle würde ich nicht
die abgetragenen Jeans anziehen. ✓

AB S. 74-75: Ü. 9, 10, 11, 12

Verstehst du dich gut mit deinen Eltern?

Tina, verstehst du dich gut mit deinen Eltern?

Ja. Meine Mutter ist sehr verständnisvoll, sportlich und macht viel mit. Mein Vater ist ein aufgeschlossener Typ, aber manchmal auch streng.

Und wer ist dein bester Freund?

Thomas! Er ist so sensibel, extrovertiert. Und er hat auch einen guten Charakter ...

1 Ein Gespräch unter Freundinnen. Hör zu. ▶43

2 Welche Adjektive passen zu wem?

extrovertiert
verständnisvoll
aufgeschlossen
guter Charakter
sensibel
sportlich
manchmal streng

Tinas Mutter

Tinas Vater

Thomas

3 Was für eine Mutter hat Tina?
Schreib die Sätze auch in dein Heft.

Tina hat eine Mutter, die ••• ist.
Tina hat einen Vater, der ••• ist.
Tina hat einen Freund, der ••• ist.

Grammatik

Tinas Mutter **ist** sehr verständnisvoll.

Tina hat eine Mutter, die sehr verständnisvoll **ist**.

4 Thema: Kinder und Eltern. Diskutiert in der Klasse.

Verstehst
du dich gut mit deinen
Eltern?

Wie sind deine
Eltern?

Mit wem verstehst
du dich besser? Mit deinem Vater oder
mit deiner Mutter?

Hast du
ein gutes Verhältnis zu
deinen Eltern?

Gibt es
Streit zu Hause?
Warum?

AB S. 76-77: Ü. 1, 2

Bausteine

● Verstehst du dich gut **mit** dein**en** Eltern?
● Ja, ich verstehe mich wirklich gut mit meinen Eltern. (mit **ihnen**)

● Hast du ein gutes Verhältnis **zu** dein**en** Eltern?
● Ja, ich habe ein sehr gutes Verhältnis zu meinen Eltern. (zu **ihnen**)

5 Die liebe Verwandtschaft! Schreib deine Wünsche auch in dein Heft.

Meine ideale Schwester soll ein Mädchen sein, das •••

Mein idealer Onkel soll ein Mann sein, der •••

Meine ideale Tante soll eine Frau sein, die •••

Meine idealen Verwandten sollen Menschen sein, die •••

6 Wie soll er sein? – Sprecht zu zweit.

● Wie soll dein idealer Bruder sein?
● Er soll ein Junge sein, der immer bereit ist zu helfen.

Ebenso mit:

Freund/in – Deutschlehrer/in – Nachbarn – Mathelehrer/in – Traumpartner/in –
Kriminalkommissar/in – Filmschauspieler/in – ...

7 Der sympathischste Junge, den ich je kennengelernt habe. – Übt zu zweit.

● Ist Thomas sympathisch?
● Ja, er ist der sympathischste Junge, den ich je kennengelernt habe.

Ebenso mit:

Monika	→ attraktiv	→ Frau
Lina	→ nett	→ Mädchen
Herr Böhm	→ verständnisvoll	→ Lehrer
Adrian	→ langweilig	→ Junge
Louis	→ ruhig	→ Kind
Max und Alex	→ lustig	→ Typen

Grammatik

Relativpronomen

	Singular			Plural
	m	**f**	**n**	
Nominativ	der	die	das	die
Akkusativ	**den**	die	das	die

AB S. 77-78: Ü. 3, 4, 5, 6

8 Streit mit den Eltern. Worum geht es?

Julia

Wenn ich ausgehen will, gibt es immer Streit. Mein Vater will nicht, dass ich abends mit meiner Clique weggehe. Jedes Mal dasselbe Theater!

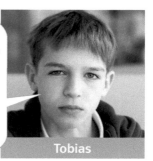
Tobias

Jeden Sonntag streite ich mit meinen Eltern wegen des Taschengeldes. Ich bekomme 10 Euro die Woche, aber das ist zu wenig, weil ich alles bezahlen muss: Kino, Schulsachen, …

Martin

Meine Mutter kommt um 17.00 Uhr von der Arbeit zurück und will sofort meine Hausaufgaben kontrollieren. Und dann gibt es Terror! Sie ärgert sich über meine Fehler und sagt, dass ich nicht genug lerne … wie langweilig!

Nina

Jeden Abend gibt es bei uns Streit über das Fernsehprogramm. Jeder will etwas anderes sehen. Ich habe schon versucht, meinen Vater zu überreden, einen zweiten Fernseher zu kaufen. Aber er will nicht!

Zum Textverständnis: Wer sagt was?

1. Das Problem ist, dass wir nur einen Fernseher haben.

2. Meine Mutter ärgert sich über die Fehler, die ich mache.

3. Ich darf abends nie weggehen.

4. Mit dem Geld, das ich bekomme, muss ich alles selbst bezahlen.

5. Meine Eltern wollen immer ihre Lieblingssendung sehen.

6. Meine Mutter sagt immer, ich bin faul.

9 Welchen Tipp würdest du Julia, Nina, Tobias und Martin geben?

Du könntest Babysitting machen und ein bisschen Geld verdienen.

Wenn ich du wäre, würde ich mehr lernen.

Du solltest deinem Vater versprechen, um 23.00 Uhr zu Hause zu sein.

Hättest du keine Lust, am Abend Musik zu hören?

...

Grammatik

Konjunktiv II

	sein	haben	Modalverben		andere Verben
ich	wäre	hätte	könnte	sollte	würde ... lernen
du	wär(e)st	hättest	könntest	solltest	würdest ... lernen
er, sie, es	wäre	hätte	könnte	sollte	würde ... lernen

10 Gib Ratschläge!

Ich bekomme immer schlechte Noten!

Ich fühle mich so einsam!

Meine Mutter hat nie Zeit ür mich!

Ich bin in Annika verliebt!

> AB S. 79-80: Ü. 7, 8

11 Wünsche! Was wäre schön für dich?

Es wäre schön, wenn ...

Es würde mich freuen, wenn ...

Es wäre schön, wenn meine Mutter mehr Zeit für mich hätte!

> AB S. 80: Ü. 9, 10

Wortschatz wiederholen!

12 Du kannst es auch anders sagen!

1. Ich streite mich oft mit meiner Schwester.   Meine Schwester und ich •••
2. Ich habe oft Streit mit meinen Eltern.   Bei uns zu Hause •••
3. Mein Vater versteht alles.   Mein Vater ist •••
4. Ich verstehe mich gut mit meinen Eltern.   Ich habe •••
5. Ich bin nicht zufrieden mit meiner Deutschnote.   Ich ärgere mich •••
6. Wenn ich an deiner Stelle wäre, würde ich das nicht tun.   Ich •••
7. Ich habe zu wenig Taschengeld.   Ich bekomme nicht •••

---

45 Intonation! Hör gut zu und sprich nach!

- Ich bekomme zu wenig Taschengeld! →
- Du könntest Babysitting machen → und ein bisschen Geld verdienen. ↘

- Ich ärgere mich so über meine Deutschnote! ↘
- Wenn ich du wäre, würde ich mehr lernen. ↘

Du kannst …

fragen	*auf Fragen antworten*	
Haben deine Eltern das erlaubt?	Meine Eltern, die sehr streng sind, haben das erlaubt.	✓
Wie ist dein idealer Typ?	Mein idealer Typ ist ein Mädchen, das gern lacht.	✓
	… … …	
Was soll ich tun?	Du solltest mit deiner Mutter sprechen.	✓
	Du könntest Babysitting machen.	✓
	Wenn ich du wäre, würde ich mehr lernen.	✓
	… … …	
einen Wunsch äußern	Es wäre schön, wenn ich einen Bruder hätte!	✓

> **AB S. 81: Ü. 11, 12**

Wir trainieren

1 Du hörst jetzt drei Texte. Hör jeden Text zweimal. Zu jedem Text gibt es drei Fragen mit drei Antworten. Nur eine Antwort stimmt.

a. Florian erzählt
   Hör den Text zweimal. Welche Antwort stimmt? ▶46

1. Wie viele Geschwister hat Florian?

   a. Er hat einen Bruder.
   b. Er hat keine Geschwister.
   c. Er hat eine Schwester.

2. Wie ist Florians Verhältnis zu seinen Eltern?

   a. Er hat ein gutes Verhältnis zu seinen Eltern.
   b. Er hat ein gutes Verhältnis zu seinem Vater.
   c. Er hat kein gutes Verhältnis zu seinen Eltern.

3. Mit wem versteht sich Florian am besten?

   a. Mit seinem Vater.
   b. Mit seiner Tante.
   c. Mit seiner Mutter.

b. Marion erzählt.
   Hör den Text zweimal. Welche Antwort stimmt? ▶47

1. Marion und Anja verstehen sich gut, weil …

   a. sie nicht sehr weit voneinander wohnen.
   b. sie in dieselbe Schule gehen.
   c. sie gemeinsame Interessen haben.

2. Was macht Anja in ihrer Freizeit?

   a. Sie bleibt zu Hause und spielt mit ihrem Bruder Robert.
   b Sie treibt viel Sport.
   c. Sie hat leider nicht viel Freizeit, weil sie viel für die Schule lernen muss.

3. Marion meint, Anja ist ihre beste Freundin, weil …

   a. sie hilfsbereit und verständnisvoll ist.
   b. sie nie miteinander streiten.
   c. sie oft gemeinsam für die Schule lernen.

c. Eine Radiosendung.
   Hör den Text zweimal. Welche Antwort stimmt? ▶48

1. Um welches Thema geht es?

   a. Freundschaft.
   b. Liebe.
   c. Eltern und Kinder.

2. Wer ist Monika?

   a. Ein Mädchen aus Hildesheim.
   b. Die Moderatorin der Sendung.
   c. Ein Mädchen, das am Wochenende als DJ in einer Disko jobbt.

3. Was macht Karin, wenn sie einen Jungen kennenlernen will?

   a. Sie schlägt ihm vor, tanzen zu gehen.
   b. Sie trifft sich allein mit ihm.
   c. Sie versucht ihn zu treffen, aber nicht allein, sondern mit anderen Freundinnen.

2 Du hörst ein Gespräch zwischen Jürgen und Beate. ▶49
   Hör zuerst das ganze Gespräch. Du kannst dabei Notizen machen.

   Was hast du verstanden? Worum geht es? Diskutiert in der Klasse.

   a. Lies jetzt die Antworten 1–12. Welche Antworten stimmen deiner Meinung nach?

   b. Hör nun Teil 1 des Gesprächs noch einmal. Welche Antworten stimmen wirklich?

1. Jürgen und Beate sind reiche Leute.

2. Sie träumen von einem Leben ohne finanzielle Sorgen.

3. Wenn Jürgen reich wäre, würde er weiterarbeiten.

4. In seiner Freizeit spielt Jürgen gern Tennis und Golf.

5. Sie haben sich ein Haus an der Riviera gekauft.

6. Beate arbeitet als Lehrerin.

c. Hör nun Teil 2 des Gesprächs noch einmal. Welche Antworten stimmen wirklich?

7. Beate würde gern zu Hause bleiben und nicht mehr arbeiten gehen.

8. Beate liebt ihren Beruf.

9. Jürgen und Beate haben drei Kinder.

10. Jürgen und Beate streiten sich oft.

11. Wenn Jürgen und Beate reich wären, hätten sie keine Probleme mehr.

12. Schließlich fährt Jürgen mit dem Bus zur Arbeit.

d. Was würde deine Familie tun, wenn ihr plötzlich sehr viel Geld hättet?

3 Zwei Anzeigen am „Schwarzen Brett".
Lies zuerst die Überschriften und den ersten Abschnitt der Anzeigen a und b.
Worum geht es? Diskutiert in der Klasse.

Flohmarkt im Schulhof

Wir wollen Geld sammeln für die Obdachlosenhilfe.*

Wie? Wir, d.h. die Klasse 8B, organisieren einen Flohmarkt im Schulhof.

Wann? Am Samstag, 21. November, von 14.00-18.00 Uhr, und am Sonntag,
22. November, von 10.00-18.00 Uhr.

Wir suchen Klamotten, Bücher, CDs, Spielsachen. Das alles wird dann verkauft.
Willst du uns dabei helfen? Dann bring uns so schnell wie möglich alles, was du
nicht mehr brauchst.

Oder möchtest du sogar ein paar Stunden als „Verkäuferin/Verkäufer" auf
unserem Flohmarkt mitmachen? Dann wende dich in der Pause an Julia.
Oder ruf sie einfach an: 50 83 26.

Mach mit! Leute, die nicht so viel Glück wie wir haben,
warten auf unsere Hilfe!!

*Obdachlose haben keine Wohnung.

a. Lies nun die Anzeige ganz. Welche Antworten stimmen?

1. An wen richtet sich die Anzeige?

    a. An die Obdachlosen.
    b. An die Schüler, die schon als „Verkäufer" gejobbt haben.
    c. An alle Schüler, die mithelfen wollen.

2. Was passiert am 21. bzw. 22. November?

    a. Alte Sachen und gebrauchte Klamotten werden in der Schule verkauft.
    b. Alte Sachen und gebrauchte Klamotten werden in der Schule eingesammelt.
    c. Alte Sachen und gebrauchte Klamotten werden in der Schule an Obdachlose verteilt.

3. Wer organisiert das alles?

    a. Die Obdachlosenhilfe.
    b. Die Klasse 8B.
    c. Julia mit Hilfe von einigen Verkäuferinnen und Verkäufer.

Klamotten zu verkaufen!!

Suchst du eine modische, schwarze Schlaghose, Größe 38,
zu einem Superpreis von 10 €? Ich habe sie vor einem Monat
gekauft, aber jetzt passt sie mir nicht mehr!
Ich habe nämlich ein paar Kilo zugenommen und habe jetzt Größe 40.
Die Hose ist wie neu (nur zweimal getragen). Ein echtes Geschäft!

Oder vielleicht brauchst du einen tollen, roten Anorak, Größe 38.
Na ja, so modisch ist der Anorak eigentlich nicht, aber dafür ist er
sehr billig, nur 12 €. Ideal für anspruchsvolle Wanderungen und kalte
Wintertage!

Und zum Schluss eine ganz tolle Kapuzenjacke, Größe L, ganz neu!
Ein Geschenk von meiner Tante, aber die Farbe (hellgrün) passt nicht
zu mir. Nur 12 €!

Interessiert? Fragen? Dann ruf mich sofort an: Martha 297455.

b. Lies nun die Anzeige ganz. Welche Antworten stimmen?

1. Warum verkauft Martha ihre Schlaghose?

   a. Die Hose gefällt ihr nicht mehr.
   b. Martha findet die Hose altmodisch.
   c. Martha ist ein bisschen dicker geworden.

2. Warum verkauft Martha ihren Anorak?

   a. Der Anorak passt Martha nicht mehr.
   b. Der Anorak gefällt Martha nicht mehr.
   c. Der Anorak ist nur für Wanderungen geeignet.

3. Warum verkauft Martha ihre Kapuzenjacke?

   a. Sie ist zu groß.
   b. Martha gefällt die Farbe nicht.
   c. Martha braucht Geld, um ein Geschenk für ihre Tante zu kaufen.

4 In einer Nummer der Zeitschrift „Jugendscala" findest du diesen Leserbrief.

a. Lies den Brief.

Hilfe! Wer kann mir ein paar Tipps geben?

Zu Hause ist die Situation wirklich unerträglich geworden. Seit einer Woche habe ich Hausarrest, d.h. ich darf abends nicht mehr mit meiner Clique ausgehen. Und das bis zum Ende des Monats (heute ist erst der 5.!!!!!!!!)! Und wisst ihr warum? Weil ich letzte Woche statt um 22.00 Uhr um 23.00 Uhr von einer Geburtstagsparty nach Hause zurückgekommen bin! Mein Vater war so wütend, er hat mich angeschrien und mir das Ausgehen verboten.
Meine Mutter hilft mir auch nicht. Sie sagt, dass ich selber schuld bin, wenn ich nicht pünktlich nach Hause komme. Und dann sagt sie auch noch, dass ich froh sein soll, dass meine Eltern sich Sorgen machen!

Meine Eltern verstehen mich einfach nicht. Sie behandeln mich wie ein Kleinkind und vergessen, dass ich schon 16 bin! Das finde ich ungerecht! Meine Freundinnen dürfen viel länger wegbleiben.
Warum habe ausgerechnet ich so strenge Eltern? Manchmal denke ich, dass ich einfach von zu Hause weggehe … Aber wohin soll ich gehen?
Bitte gebt mir einen Tipp, was ich tun soll!

Sophie

b. Schreib Sophie eine Antwort.
   Schreib, was du über ihr Problem denkst, und gib ihr ein paar Tipps (50 – 60 Wörter).

   Du kannst so beginnen:

Liebe Sophie,

in der letzten Nummer der Jugendscala habe ich deinen Brief entdeckt.
Ich finde …

c. Lies deinen Brief in der Klasse vor.

5 Zieh eine Karte.
Welche Situation erkennst du auf der Karte?
Was sagt die markierte Person?

Mögliche Lösung: *An deiner Stelle würde ich eine
Pause machen.*

Beispiel:

6 Gemeinsam etwas planen: Kleidung für eine Party aussuchen.
Stellt euch folgende Situation vor:
Ihr seid auf ein Fest eingeladen und besprecht, was ihr anziehen wollt.

Arbeitet zu zweit und überlegt euch folgende Punkte:

– Wer hat euch eingeladen? Warum findet das Fest statt?

– Wer kommt noch zu dem Fest? Wer sind die anderen Gäste?

– Wie sind die anderen Gäste vermutlich gekleidet?

– Was macht ihr auf dem Fest?

– ...

Stellt eure Ergebnisse in der Klasse vor.

Grammatik

1. Adjektiv beim Substantiv / Adjektiv als Attribut

a. Lies die Beispiele. Achte auf die Formen der Adjektive.

Nominativ:
1. unbestimmter Artikel:

Herr Weigel ist <u>kein sportlich**er** Typ</u>.	(Er ist nicht sportlich.)
Frau Weigel ist <u>eine sehr sympathisch**e** **Person**</u>.	(Sie ist sympathisch.)
Tina ist <u>ein intelligent**es** **Mädchen**</u>.	(Sie ist intelligent.)
Das sind wirklich <u>nett**e** **Jungen**</u>.	(Sie sind nett.)

2. bestimmter Artikel:

Der <u>grün**e** Pullover</u> passt mir nicht mehr.	(Der Pullover ist grün.)
Die <u>gestreift**e** Bluse</u> ist sehr elegant.	(Die Bluse ist gestreift.)
Das <u>elegant**e** Kleid</u> steht dir gut.	(Das Kleid ist elegant.)
Die <u>alt**en** Klamotten</u> kommen weg.	(Die Klamotten sind alt.)

Akkusativ:
Sie legt **den** grün**en** Pullover, **die** gestreift**e** Bluse, **das** elegant**e** Kleid und **die** alt**en** Klamotten in den Schrank.

> **Ergänze die Regel:** ❶
>
> Das Adjektiv als Attribut steht ● dem Substantiv. Es bekommt eine ●.

Beachte: Das Genus des Substantivs (m, f, n) bestimmt die Adjektivendung.
Der Artikel (der, die, das) zeigt das Genus. Deshalb musst du den Artikel kennen.

b. Übersetze die Beispiele in a in deine Sprache. Wo steht das Adjektiv? Wechselt es die Form?

Die Adjektivendungen

Es gibt mehrere Adjektivendungen. Es kommt darauf an, was vor dem Adjektiv steht.
Aber viele Formen sind gleich.

c. Schau die Tabellen auf der nächsten Seite an und überlege: Welche Endungen musst du dir besonders merken? Welche Endungen sind gleich?

Singular:

1. **ein, ... / mein, ... dein, ... / kein, ...** stehen vor dem Adjektiv:

	m	f	n
Nominativ	ein mein } grün**er** Pulli kein	eine meine } weiß**e** Bluse keine	ein mein } toll**es** T-Shirt kein

	m	f	n
Akkusativ	einen meinen } grün**en** Pulli keinen	eine meine } weiß**e** Bluse keine	ein mein } toll**es** T-Shirt kein

2. **der, die, das** stehen vor dem Adjektiv:

	m	f	n
Nominativ	**der** grün**e** Pulli	**die** weiß**e** Bluse	**das** toll**e** T-Shirt
Akkusativ	**den** grün**en** Pulli	**die** weiß**e** Bluse	**das** toll**e** T-Shirt

Plural:

1. Kein Artikel vor dem Adjektiv.
2. Vor dem Adjektiv stehen Mengenangaben: **zwei, drei, viele, einige,** ...

	m, f, n: kein Artikel	m, f, n: zwei, drei, viele, ...
Nominativ	grün**e** Pullis, Blusen, T-Shirts	zwei grün**e** Pullis, Blusen, T-Shirts
Akkusativ	grün**e** Pullis, Blusen, T-Shirts	zwei grün**e** Pullis, Blusen, T-Shirts

3. Vor dem Adjektiv stehen Pluralformen: **die, meine / deine ..., keine**

	m, f, n:
Nominativ	die meine } grün**en** Pullis, Blusen, T-Shirts keine
Akkusativ	die meine } grün**en** Pullis, Blusen, T-Shirts keine

d. Lies und ergänze dabei die Adjektivendungen (wo nötig). **②**

Die Welt der Mode und die Realität

Carina Schüller ist ein berühmt● Model. Sie trägt schön● Kleider auf vielen Modenschauen. Auf den Fotos hat sie ein oval● Gesicht, einen hell● Teint, blau● Augen, eine klein● Nase und einen groß●, voll● Mund. Ihre blond● Haare sind lang● und glatt●. Sie hat eine sehr gut● Figur und lang● Beine. Neulich habe ich sie im Fernsehen gesehen. Da hatte sie ein ziemlich rot● Gesicht, eine dick● Nase und ganz klein● Augen. Sie trug auch kein schön● Kleid, sondern abgetragen● Jeans und einen weit●, grau● Pullover. Dieser grau● Pullover war ziemlich altmodisch●. Sie sah gar nicht schick aus!

2. Fragewörter: *Was für ein/eine … ? Welcher, welche, welches …?*

a. Lies die Beispiele.

- **Was für ein** Typ bist du?
- Ich bin **ein** extrovertierter Typ.

- **Was für einen** Mantel suchst du?
- **Einen** eleganten.

Beachte: Die Frage „Was für ein/eine …?" fragt nach allgemeinen Informationen über Menschen und Sachen.

3

Ergänze die Regel:

Auf die Frage „Was für ein/eine …?" antwortet man mit dem ● Artikel.

b. Übersetze die Beispiele in a in deine Sprache. Wie übersetzt du „Was für ein …?"

c. Lies die Beispiele.

- **Welcher** Pullover gefällt dir besser? **Der** gelbe oder **der** blaue?
- **Der** gelbe gefällt mir besser.
- Und **welche** Hose willst du dazu anziehen?
- **Die** schwarze Jeans, die ist bequem.

Beachte: Das Fragewort „welch..?" fragt nach spezifischen Informationen. Es gibt oft eine Auswahl zwischen zwei oder mehreren.

4

Ergänze die Regel:

Das Fragewort „welch..?" hat dieselben Endungen wie der ● Artikel.
In der Antwort benutzt man den ● Artikel.

d. Übersetze die Beispiele in c in deine Sprache. Wie übersetzt du „welch..?"

e. „Was für ein …?" oder „welch..?" Was passt?

Im Schuhgeschäft:

5

- Ich suche ein paar Schuhe.
- ● Schuhe sollen es denn sein? Straßenschuhe, Sportschuhe, … ?
- Straßenschuhe.
- Wir haben Straßenschuhe in allen Größen. ● Schuhgröße hast du?
- Größe 38.
- Hier: Probier mal diese roten und diese schwarzen Schuhe hier. – ● gefallen dir besser?
- ● sind denn billiger?
- Die roten.
- ● Glück! Dann nehme ich die roten. Die gefallen mir nämlich auch besser!

3. Konjunktiv II

a. Lies die Beispiele.

	Gebrauch
Wenn ich du **wäre**, **würde** ich das schwarze Kleid **anziehen.** **Wenn** ich an deiner Stelle **wäre**, **würde** ich das nicht **tun.**	Hypothese
Wenn du mehr **lernen würdest**, **hättest** du bessere Noten. (Realität ist: Du lernst nicht genug. Deshalb hast du schlechte Noten.)	Bedingung (irreal)
Es wäre schön, wenn ich die Sprachreise machen **dürfte.**	Wunsch
Hättest du Lust, mit mir ins Kino zu gehen? **Würdest** du mit uns nach München **fahren?**	höfliche Frage
Du **könntest** Babysitting **machen.** Du **solltest** mit deinen Eltern **sprechen.**	Ratschlag / Tipp

Den Konjunktiv II gebraucht man
- für Aussagen, die nicht real sind: Hypothesen, Wünsche, irreale Bedingungen.
- für höfliche Fragen, freundliche Ratschläge, Tipps.

b. Übersetze die Beispiele in a in deine Sprache. Vergleiche.

Die Formen

	sein	haben	werden	können	dürfen	müssen	sollen
ich	wäre	hätte	würde	könnte	dürfte	müsste	sollte
du	wär(e)st	hättest	würdest	könntest	dürftest	müsstest	solltest
er sie es	wäre	hätte	würde	könnte	dürfte	müsste	sollte
wir	wären	hätten	würden	könnten	dürten	müssten	sollten
ihr	wär(e)t	hättet	würdet	könntet	dürftet	müsstet	solltet
sie	wären	hätten	würden	könnten	dürften	müssten	sollten
Sie	wären	hätten	würden	könnten	dürften	müssten	sollten

6

Ergänze die Regel:

Der Konjunktiv II wird aus dem ⬤ gebildet. Die 1. und die 3. Person sind ⬤.

Beachte: Alle Verben außer „haben", „sein" und den Modalverben verwenden im
Konjunktiv II **würde**, z.B.: Ich **würde** mehr **lernen**, wenn ... .

Die Wortstellung

Ich **würde** das elegante Kleid **anziehen**.
Du **solltest** mit deinen Eltern **sprechen**.

Ich **würde** mehr **lernen**, **wenn** ich du **wäre**.

Der wenn-Satz steht vorn:

Wenn ich du **wäre**, **würde** ich mehr **lernen**.

c. Finde Antworten. (7)

1. Was würdest du tun, wenn du mehr Taschengeld bekommen würdest?
   öfters ins Kino gehen – jeden Tag 10 Hamburger essen – ...
2. Dein Freund / Deine Freundin bekommt zu wenig Taschengeld.
   Gib ihm / ihr drei Ratschläge.
3. Eine Fee sagt: Du hast drei Wünsche frei! Sag deine Wünsche.

4. Relativpronomen und Relativsatz

a. Lies die Beispiele.

Stefan und Tina haben ⎯ eine Mutter,
⎯ einen Vater,
⎯ Großeltern,

Nominativ:
die sehr sportlich **ist**.
der ein bisschen zu dick **ist**.
die sehr verständnisvoll **sind**.

Thomas ist der netteste Junge,
Brigitte ist die beste Freundin,
Wie gefällt dir das neue T-Shirt,

Akkusativ:
den Tina **kennt**.
die Tina je gehabt **hat**.
das Tina sich gekauft **hat**?

(8)

Ergänze die Regeln:

● Das Relativpronomen (Nominativ, Akkusativ) hat dieselben Formen wie ●.
● Das Relativpronomen steht direkt nach dem ●, das konjugierte Verb steht ●.

Beachte: ● Der Relativsatz charakterisiert (spezifiziert) das Substantiv.
(Welches T-Shirt? – Das T-Shirt, das Tina sich gekauft hat.)

● Das vorangehende Substantiv bestimmt Genus und Numerus (Singular oder
Plural) des Relativpronomens; die Funktion des Relativpronomens im Relativsatz
bestimmt den Kasus. Du musst also die Funktion des Relativpronomens
analysieren.

Beispiel:

Thomas ist **der** netteste **Junge**. (der Junge = Nominativ maskulin Singular)

Tina kennt **den Jungen**. (den Jungen = Akkusativ Singular)

→ Thomas ist **der** netteste **Junge**, **den** Tina kennt.

● Manchmal steht der Relativsatz in der Mitte.

Beispiel: Der Mann, **den du dort auf der anderen Straßenseite siehst**, ist mein Mathelehrer.

⑨

b. Verbinde die Sätze mit Relativpronomen.

Möchtest du die Leute kennenlernen?	(Sie wohnen in unserem Haus.)
Unser Nachbar ist sehr freundlich.	(Wir nennen ihn Smiley.)
Seine Frau ist leider nicht so freundlich.	(Sie ist viel jünger als er.)
Sie haben ein Baby.	(Das Baby schreit die ganze Nacht.)
Über uns wohnt ein alter Mann.	(Ich besuche ihn manchmal.)
Er hat einen Hund.	(Der Hund bellt oft stundenlang.)
Unser Haus hat leider sehr dünne Wände.	(Es ist schon über 50 Jahre alt.)
Wir hören alles!	

Lösungen für ●:

❶ Das Adjektiv als Attribut steht **vor** dem Substantiv. Es bekommt eine **Endung.**

❷ Carina Schüler ist ein berühmtes Model. Sie trägt schöne Kleider auf vielen Modenschauen. Auf den Fotos hat sie ein ovales Gesicht, einen hellen Teint, blaue Augen, eine kleine Nase und einen großen, vollen Mund. Ihre blonden Haare sind lang und glatt. Sie hat eine sehr gute Figur und lange Beine. Neulich habe ich sie im Fernsehen gesehen. Da hatte sie ein ziemlich rotes Gesicht, eine dicke Nase und ganz kleine Augen. Sie trug auch kein schönes Kleid, sondern abgetragene Jeans und einen weiten, grauen Pullover. Dieser graue Pullover war ziemlich altmodisch. Sie sah gar nicht schick aus!

❸ Auf die Frage „Was für ein …?" antwortet man mit dem unbestimmten Artikel.

❹ Das Fragewort „welch…?" hat dieselben Endungen wie der bestimmte Artikel. In der Antwort benutzt man den bestimmten Artikel.

❺ Ich suche ein paar Schuhe. – Was für Schuhe sollen es denn sein? Straßenschuhe, Sportschuhe, …? – Straßenschuhe. – Wir haben Straßenschuhe in allen Größen. Welche Schuhgröße hast du? – Größe 38. – Probier mal … Welche gefallen dir besser? – Welche sind denn billiger? – Die roten. – Was für ein Glück! Danke …

❻ Der Konjunktiv II wird aus dem Präteritum gebildet. Die 1. und die 3. Person sind gleich.

❼ Zum Beispiel: 1. Ich würde öfters ins Kino gehen. Ich würde jeden Tag 10 Hamburger essen. Ich würde meine Freunde jeden Tag in die Eisdiele einladen.
2. Du solltest mit deinen Eltern darüber sprechen. Du könntest Nachhilfestunden geben. Du solltest nicht so viele Klamotten kaufen. 3. Ich hätte gern einen Hund. Es wäre schön, wenn ich ein neues Fahrrad hätte. Ich wäre gern größer.

❽ 1. Das Relativpronomen (Nominativ, Akkusativ) hat dieselben Formen wie der bestimmte Artikel.
2. Das Relativpronomen steht direkt nach dem Komma, das konjugierte Verb steht am Ende.

❾ Möchtest du die Leute kennenlernen, die in unserem Haus wohnen? Unser Nachbar, den wir Smiley nennen, ist sehr freundlich. Seine Frau, die viel jünger ist als er, ist leider nicht so freundlich. Sie haben ein Baby, das die ganze Nacht schreit. Über uns wohnt ein alter Mann, den ich manchmal besuche. Er hat einen Hund, der oft stundenlang bellt. Unser Haus, das schon über 50 Jahre alt ist, hat leider sehr dünne Wände. Wir hören alles!

Teste dein Deutsch!
Wortschatz und Grammatik

1 Leute charakterisieren.

Nenn 5 Eigenschaften, die du bei anderen Leuten magst, und 5 Eigenschaften, die du überhaupt nicht magst.

☺	☹
...	...

2 Tina wartet auf einen Reporter von der Stadtzeitung, der sie interviewen möchte. Aber wie soll er sie erkennen?

Beschreib Tina möglichst genau.

3 Ergänze die Relativpronomen.

Morgen kommt mein Lieblingsonkel, ••• ich seit zwei Jahren nicht mehr gesehen habe. Er lebt in einem Land in Afrika, ••• Botswana heißt. Er bringt auch seine kleine Tochter mit, ••• ich bisher nur auf Fotos gesehen habe. Mein Vater, ••• sich extra freigenommen hat, holt die beiden am Flughafen ab. Am nächsten Tag fahren wir zu meinen Großeltern, ••• sich freuen, ihren Sohn wiederzusehen.

4 Konjunktiv oder nicht? Welche Form passt?

1. Ich ••• am 24. Mai in Kassel geboren.
2. Ich an deiner Stelle ••• lieber zu Hause bleiben.
3. Er ••• gestern nicht kommen, weil er krank war.
4. Wenn du Geld brauchst, ••• du ja mein Auto waschen.
5. Wenn du Angst hast, ••• du nachts nicht alleine weggehen.
6. ••• du uns bei den Hausaufgaben helfen?

wurde / würde
wurde / würde
konnte / könnte
konntest / könntest
sollst / solltest
Wurdest / Würdest

5 Was für ein ...?/ Welch ...?

1. ••• Mensch ist dein Bruder?
2. ••• Datum haben wir heute?
3. ••• Rock gefällt dir? Der kurze oder der lange?
4. ••• Computer hast du? Einen PC oder einen Mac?
5. Hier sind zwei Äpfel. ••• willst du?
6. ••• Freunde sind das, die du im Stadtpark triffst?

Selbstkontrolle

Lösungen auf Seite 142

Du hast ...
... maximal 4 Fehler: SEHR GUT! Mach weiter so!
... 5 bis 8 Fehler: noch o.k. Aber du kannst es besser!
... mehr als 8 Fehler: Wiederhol die Übungen von Modul 9.

Gesellschaft, Umwelt, Medien

Du lernst ...

- wie man die Umwelt schützen kann
- über Umweltfragen diskutieren
- über soziales Engagement diskutieren
- über Medienkonsum diskutieren
- über Statistiken sprechen
- wie man eine Schülerzeitung machen kann
- Ausdrücke aus der Jugendsprache

fragen

Was tust du für die Umwelt?

Wofür interessierst du dich?

Um wen kümmert ihr euch?

Wer redigiert die Artikel?

auf Fragen antworten

Ich bringe die Batterien zur Sammelstelle, statt sie wegzuwerfen.
Ich interessiere mich für den Umweltschutz.
Wir kümmern uns um die Menschen im Altersheim.
Die Artikel werden vom Redaktionsteam redigiert.

Was tust du für die Umwelt?

	a. oft	b. manchmal	c. nie
Lässt du dich mit dem Auto zur Schule fahren?	a. oft	b. manchmal	c. nie
Benutzt du öffentliche Verkehrsmittel?	a. nie	b. manchmal	c. oft
Kaufst du Bioprodukte?	a. nie	b. manchmal	c. oft
Wirfst du Abfälle auf den Boden?	a. oft	c. manchmal	c. nie
Wie warm ist im Winter dein Zimmer?	a. 24 Grad	b. 21 Grad	c. 19 Gr
Weißt du, was der „Treibhauseffekt" ist?	a. nie gehört	b. ungefähr	c. ja
Wie lange duschst du am Morgen?	a. ange	b. ca. 3 Min.	c. nie
Kaufst du Getränke in Plastikflaschen und Dosen?	a. oft	b. manchmal	c. nie
Weißt du, was Greenpeace ist?	a. keine Ahnung	b. nicht ganz genau	c. ja
Lässt du den Fernseher auf „Stand-by"?	a. oft	b. manchmal	c. nie

a = 1 Punkt;   b = 2 Punkte;   c = 3 Punkte

Wie viele Punkte hast du?

23-30 Punkte:	Du bist ein geborener Umweltschützer. Gratuliere!
16-22 Punkte:	Du bist zwar überzeugt, dass die Umwelt sehr wichtig ist, aber du bist zu faul, um konsequent zu sein.
10-15 Punkte:	Du redest zwar viel über Umweltschutz, aber du tust sehr wenig für die Umwelt.

 Ein Test: Bist du umweltbewusst?

2 Wie ist es bei Familie Weigel? Wer tut was? Ordne zu. ▶50

A. Ich nehme immer meinen Korb mit, wenn ich einkaufen gehe, statt dann im Supermarkt Plastiktüten zu kaufen.

C. Seit einem Jahr fahre ich nicht mehr mit dem Auto zur Arbeit. Stattdessen nehme ich jetzt den Bus. Das bedeutet weniger Stress. Und ich habe das Gefühl, etwas Sinnvolles für die Umwelt zu tun.

B. Ich bringe die leeren Batterien zur Sammelstelle, statt sie wegzuwerfen. Und ich benutze nur Hefte aus Recyclingpapier.

D. Ich trenne zu Hause den Müll. Statt alles in einen Mülleimer zu werfen, achte ich darauf, dass alles in den richtigen Eimer kommt: Biomüll, Verpackung, Glas, Altpapier, …

3 Zum Verständnis: Bilde Sätze.

Frau Weigel Herr Weigel Tina Stefan	bringt … zurück nimmt … mit trennt fährt	mit dem Bus zur Arbeit die leeren Batterien ihren Einkaufskorb den Müll	, statt … zu	– sie wegwerfen – Plastiktüten kaufen – das Auto benutzen – alles in denselben Eimer werfen

4 Ergänze. Lies laut.

1. Frau Weigel kauft keine Plastiktüten im Supermarkt. Stattdessen •••
2. Herr Weigel fährt nicht mehr mit dem Auto zur Arbeit. Stattdessen •••
3. Tina wirft den Abfall nicht in denselben Eimer. Stattdessen •••
4. Stefan wirft die leeren Batterien nicht einfach weg. Stattdessen •••

> AB S. 90 - 91: Ü. 1, 2

5 Übt zu zweit.

● Lässt du dich mit dem Auto in die Schule fahren?

● Nein, **statt** mit dem Auto **zu fahren**, benutze ich die öffentlichen Verkehrsmittel.

● Nein. **Stattdessen** benutze ich die öffentlichen Verkehrsmittel.

Bildet weitere Dialoge.

den ganzen Abfall in denselben Mülleimer werfen – den Müll trennen
Getränke in Plastikflaschen kaufen – Getränke in Pfandflaschen kaufen
lange duschen – nur drei Minuten unter der Dusche bleiben
Plastiktüten benutzen – Stofftaschen benutzen
im Winter die Heizung bis 24 Grad aufdrehen – sich einen warmen Pulli anziehen
mit dem Mofa in die Stadt fahren – mit dem Fahrrad fahren oder zu Fuß gehen

> **Grammatik**
>
> **Statt … zu** + Infinitiv
> **Stattdessen** …

▶ AB S. 91: Ü. 3

6 Was möchte die Interviewerin wissen? Schreib die Antworten in dein Heft.

Trennt ihr den Müll zu Hause?
Was macht ihr, um Wasser zu sparen?
Benutzt ihr die öffentlichen Verkehrsmittel?
Warum kauft ihr nur Hefte aus Recyclingpapier?
Kauft ihr Bioprodukte?
Lasst ihr oft das Licht umsonst brennen?
Wo kauft eure Mutter Obst und Gemüse?

Die Interviewerin möchte wissen, ob Stefan und Tina den Müll zu Hause trennen.
Sie fragt, was Stefan und Tina machen, um Wasser zu sparen.
ob •••
warum •••
ob •••
ob •••
wo •••

> **Grammatik**
>
> Sie möchte wissen, **ob** Stefan den Müll **trennt**.
> Sie möchte wissen, **was** Stefan und Tina **machen**, um Wasser zu sparen.

7 Zur Kontrolle: Hör zu und sprich nach. ▶51

8 Wie bitte? Was hast du gefragt?

🔘 Bist du für genmanipulierte Lebensmittel?
🔘 Wie bitte? Was hast du gefragt?
🔘 Ich habe gefragt, ob du für genmanipulierte Lebensmittel bist.
🔘 Ach so! Nein, ich bin dagegen. / Ja, natürlich!

Bildet weitere Dialoge.

T-Shirts aus Baumwolle tragen
umweltfreundliche Elektrogeräte kaufen
für alternative Energiequellen sein
umweltfeindliche Sprays benutzen
ein Umweltmuffel sein

> **AB S. 92: Ü. 4**

9 Wie umweltfreundlich seid ihr in der Klasse?
Macht eine Umfrage in der Klasse und berichtet darüber.

> Was machst du für die Umwelt?

Ich trenne den Müll.

Ich fahre mit dem Bus oder mit dem Rad zur Schule.   XXXXXX

Ich dusche, statt zu baden.

Ich mache immer das Licht aus, wenn ich mein Zimmer
verlasse.

Beim Einkaufen habe ich immer eine Stofftasche dabei.   XXX

Ich kaufe nur Hefte aus Recyclingpapier.

Ich gehe mit Wasser sehr sparsam um.

Ich verzichte auf unnötige Verpackung.   X

Ich kaufe oft Bioprodukte.

Ich benutze keine Pappbecher bzw. -teller.

> Sechs Schüler kommen mit
> dem Bus oder dem Rad zur Schule.
> Drei Schüler …
> Nur ein Schüler …

10 Alternative Energiequellen. Was weißt du darüber? Diskutiert in der Klasse.

11 Welches Bild passt zu welchem Text?

12 Finde Überschriften zu den beiden Texten. (Ein Wort aus dem Text passt.)

Text 1 •••

Die Sonne strahlt eine große Hitze aus und produziert dabei viel Energie. Diese Energie würde ausreichen, um die ganze Erde mit Energie zu versorgen. Das Schöne daran ist, dass Solarenergie sauber ist! Kohle, Benzin oder Öl verpesten stattdessen die Umwelt.
Aber wie kann man Sonnenstrahlen in Energie verwandeln?
Vielleicht hast du schon mal auf einem Dach dunkle Glasflächen gesehen.
Das sind Sonnenkollektoren. Durch die Sonne wird so Wasser erhitzt und man kann heiß duschen oder heizen. Ganz ohne schädliche Abgase!

Text 2 •••

Schon immer haben Menschen die Kraft des Windes genutzt.
Vor 100 Jahren gab es in Europa über 200 000 Windmühlen. Man hat sie benutzt, nicht nur um Getreide zu mahlen, sondern auch um Wasser aus der Erde zu holen.
Da in Norddeutschland fast immer Wind weht, ist er dort eine sehr gute Energiequelle.
Deshalb sieht man viele so genannte Windräder: Das sind riesige Säulen mit Windmühlenflügeln. Die Mühe lohnt sich: In Norddeutschland kommt ein Viertel der Energie aus diesen Windenergieanlagen.

13 Zum Textverständnis: Was stimmt?

1. Die Sonne ist eine potenzielle Energiequelle.

2. Die Menschen können Sonnenstrahlen nicht in Energie verwandeln.

3. Sonnenkollektoren produzieren schädliche Abgase.

4. Es gibt heute in Europa ca. 200000 Windmühlen.

5. Es gibt in Norddeutschland viele Windräder.

6. Windräder werden benutzt, um Getreide zu mahlen.

14 Zum Wortschatz: Was ist das?
Such in den Texten in 12 das passende Wort.

1. Die ••• absorbieren die Sonnenenergie und erzeugen Wärme.

2. Industrie und Autos produzieren •••.

3. Der Wind treibt das ••• an.

4. Autos fahren mit •••.

5. ••• ist sauber.

6. Vor 100 Jahren gab es in Europa sehr viele •••.

Wortschatz wiederholen!

15 Was ist gut für die Umwelt, was nicht? Mach eine Tabelle in dein Heft.

Ozonloch   Recyclingpapier   Plastikflasche   Pfandflasche   Biomüll

Treibhauseffekt   Umweltschutz   Mülltrennung

öffentliche Verkehrsmittel   Dosen   Bioprodukte   Plastiktüte

Stofftasche   Sonnenkollektoren   Pappbecher   Umweltmuffel

Gut für die Umwelt	Schlecht für die Umwelt
•••	•••

Wortschatz wiederholen!

16 Welche Verben passen?

Altpapier •••
Müll •••
Recyclingpapier •••
die Umwelt •••
Batterien nicht einfach •••
die Heizung nicht zu sehr •••
Wasser •••
das Licht •••
Sonnenstrahlen in Energie •••
die Kraft des Windes •••

sparen
nutzen wegwerfen
trennen benutzen
verwandeln
sammeln aufdrehen
ausschalten schützen

Aussprache!

▶52 **Aussprache!** Hör gut zu und sprich nach!

das Ozonloch	der Treibhauseffekt	das Bioprodukt	die Plastikflasche
das Recyclingpapier	die Batterie	der Mülleimer	der Biomüll
die Verpackung	die Umwelt	umweltfreundlich	der Umweltschutz

Du kannst ...

Du kannst ...

fragen	*auf Fragen antworten*	
Was tust du für die Umwelt?	Ich kaufe nur Bioprodukte, Pfandflaschen, ...	✓
	Ich benutze Stofftaschen, Recyclingpapier, ...	✓
	Ich sammle Altpapier, leere Batterien, ...	✓
	... ...	
Was möchtest du wissen?	Ich möchte wissen, ob ihr zu Hause den Müll trennt.	✓
	Ich möchte wissen, wo du einkaufst.	✓
	... ...	
Gegensätze ausdrücken	Statt mich mit dem Auto fahren zu lassen, benutze ich öffentliche Verkehrsmittel.	✓

AB S. 92: Ü. 5

Tina engagiert sich für ...

1 Wo und wie kann man sich engagieren?
Diskutiert in der Klasse.

Ich bin Mitglied bei Greenpeace und sammle Unterschriften für den Schutz der Wale.

Ich besuche eine alte Frau in einem Altersheim.

Ein Freund von mir kümmert sich um behinderte Kinder.

Man kann z.B. anderen Leuten helfen.

Ich finde ...

Man kann z.B. für das Rote Kreuz sammeln.

Ich ... lieber ...

2 Die Solidar-AG.

In der Schule haben sich einige Schülerinnen und Schüler zu einer Solidar-AG zusammengeschlossen. Tina ist auch dabei. AG bedeutet Arbeitsgemeinschaft. Man trifft sich nachmittags in der Schule. Die Teilnahme ist frei.

An Tinas Schule gibt es zum Beispiel eine Theater-AG (man spielt zusammen Theater), eine Video-AG (man dreht zusammen ein Video), eine Stepp-Tanz-AG (man lernt Stepp-Tanz) und eben die Solidar-AG.

Und wofür interessieren sich die Schülerinnen und Schüler der Solidar-AG?

Sie interessieren sich für soziale Probleme, wie z.B. für ältere Menschen in einem Altersheim, für Ausländerintegration innerhalb der Schule, für behinderte Kinder. Aber auch für größere Probleme wie z.B. den Schutz der Wale, Kinderarbeit, die Erhaltung des Friedens auf der Welt usw.

Grammatik

Die Schüler **interessieren sich für** soziale Probleme.
Sie **kümmern sich um** behinderte Kinder.

Was stimmt?

1. Eine AG bezeichnet eine freiwillige Nachmittagsaktivität in der Schule.

2. In Tinas Schule gibt es mehrere AGs.

3. Tina hat sich für die Theater-AG entschieden.

4. Tina macht in der Solidar-AG mit.

5. Zusammen mit anderen interessiert sich Tina für soziale Probleme.

6. Tina unterhält sich mit älteren Menschen über Krieg und Armut in der Welt.

7. Die Schülerinnen und Schüler der Solidar-AG kümmern sich unter anderem um behinderte Kinder.

3 Tina ist Mitglied in der Solidar-AG. – Hör zu und lies mit. ▶53

Tina, was macht ihr eigentlich in der Solidar-AG?

Also, ...

„... wir sind eine Gruppe von 12 Schülern und Schülerinnen, die sich für soziale Probleme interessieren. Wir wollen etwas tun und dazu beitragen, dass unsere Gesellschaft besser wird.

In Augsburg gibt es z.B. ein Altersheim. Wir wissen, dass sich ältere Menschen oft einsam fühlen und sich auf jeden Besuch freuen. Also gehe ich mit einer Freundin von der AG zweimal die Woche ins Altersheim: Wir verbringen ein paar Stunden mit den Leuten da, lesen ihnen die Zeitung vor, gehen spazieren oder sitzen einfach da und hören zu. Darüber freuen sich die älteren Menschen sehr.

Andere von der AG kümmern sich um zwei ausländische Schüler, Karol und Ivan, die erst seit ein paar Monaten in unserer Schule sind. Sie brauchen Hilfe, weil sie noch einige Schwierigkeiten mit der deutschen Sprache haben. Also helfen wir ihnen bei den Hausaufgaben usw.

Auch die Armut in der Dritten Welt ist ein Thema, mit dem wir uns auseinandersetzen. Wir haben einen 12-jährigen Jungen aus Kenia „adoptiert", d.h. wir haben die Patenschaft für ihn übernommen und finanzieren mit unserem Taschengeld seine Schulbücher.

Unser Beitrag ist zwar nicht sehr groß. Aber wir finden es sehr wichtig, dass man sich für soziale Probleme interessiert, dass man Verantwortung übernimmt."

Grammatik

Wofür interessieren sich die Schüler?	– **Wofür** ... → *Sachen*
Um wen kümmern sie sich?	– **Um wen** ... → *Personen*

---

4 Fragen und Antworten.

1. Wofür interessieren sich die Schülerinnen und Schüler der Solidar-AG?

2. Worauf freuen sich die älteren Menschen im Altersheim?

3. Um wen kümmern sich andere SchülerInnen der Solidar-AG?

4. Wobei helfen SchülerInnen der Solidar-AG Karol und Ivan?

5. Womit setzen sich die SchülerInnen der Solidar-AG auseinander?

6. Für wen haben sie die Patenschaft übernommen?

AB S. 93-94: Ü. 1, 2, 3

5 Was passt zusammen?

sich interessieren   um
sich freuen   mit
sich kümmern   für   Akkusativ
diskutieren   an   Dativ
helfen   auf
teilnehmen   bei
sich auseinandersetzen   über

6 Übt zu viert.

- Wofür interessiert ihr euch?
- Wir interessieren uns für Umweltschutz.

Grammatik

Wofür?   Worauf?
Womit?   Woran?
Wovon?   Worüber?

Bildet weitere Dialoge.

sich freuen auf + Akkusativ   → dein Besuch
diskutieren über + Akkusativ   → die politische Situation in unserem Land
sich auseinandersetzen mit + Dativ   → soziale Probleme
denken an + Akkusativ   → die Armut in vielen Ländern der Welt
träumen von + Dativ   → eine Welt ohne Kriege
kämpfen für + Akkusativ   → eine bessere Welt
teilnehmen an + Dativ   → eine Antikriegsdemo

7 Übt zu viert.

- Um wen kümmert ihr euch?
- Wir kümmern uns um behinderte Kinder.

Bildet weitere Dialoge.

sich ärgern über + Akkusativ   → die Politiker
denken an + Akkusativ   → die armen Menschen in Afrika
sorgen für + Akkusativ   → eine kranke Nachbarin
sprechen über + Akkusativ   → die Menschen im Altersheim
sich handeln um + Akkusativ   → ein Schüler aus Polen
Vertrauen haben zu + Dativ   → unsere Eltern
sich erinnern an + Akkusativ   → unser Patenkind in Kenia

AB S. 94: Ü. 4, 5, 6

8 Eine Seite im Internet. Du findest im Internet folgende Seite.
Was verstehst du? Diskutier mit deinem Partner.

Was ist das FSJ?

Das Freiwillige Soziale Jahr (FSJ) bietet jungen Menschen zwischen 16 und 26 Jahren die Chance, etwas für sich und andere Menschen zu tun.

Das FSJ bietet:

- eine Chance, seine Persönlichkeit weiterzuentwickeln,
- die Begegnung mit Menschen,
- das Erfahren von Gemeinschaft,
- die Möglichkeit, unsere Gesellschaft mitzugestalten,
- das Kennenlernen sozialer Berufsfelder,
- eine Chance, die persönliche Eignung für einen sozialen Beruf zu prüfen.

Das FSJ dauert in der Regel 12 Monate und beginnt am 1. August oder am 1. September eines Jahres.

Das FSJ wird als pflegerische, erzieherische oder hauswirtschaftliche Hilfstätigkeit geleistet.

Während des FSJ erhalten die Freiwilligen:

- Taschengeld,
- Unterkunft und Verpflegung,
- Kranken-, Renten- und Unfallversicherung.

Neugierig geworden? Lust mitzumachen? Willst du mehr wissen?

Weitere Infos: www.pro-fsj.de oder schreib an: pro-fsj@com.de

9 FSJ-Erfahrungen: Junge Leute berichten. ▶54-56
Hör zu und mach dir Notizen in deinem Heft.

1. Angaben zur Person: ...
2. Wo macht er / sie das FSJ?
3. Was macht er / sie?
4. Warum das FSJ?
5. Zufrieden mit dem FSJ?

Bernd

Vera

Anja

Wortschatz wiederholen!

10 Feminine Substantive und ihre Endungen.
Schreib die Wörter in eine Liste in deinem Heft.

die Verpfleg• – die Paten• – die Mülltrenn• – die Tätig• – die Verpack• –
die Möglich• – die Krank• – die Persönlich• – die Verabred• – die Heiz• –
die Gesell• – die Arbeitsgemein• – die Begegn• – die Verspät• – die Versicher• –
die Bezieh• – die Mein• – die Leiden• – die Sicher• – die Kleid•

-ung	-heit	-keit	-schaft
die Verpflegung	•••	•••	•••

11 Was passt zusammen?

1. Wofür interessierst du dich denn?
2. Mit wem fährst du in Urlaub?
3. Wovon hast du geträumt?
4. Worauf freust du dich denn so?
5. Womit fährst du in die Schule?
6. Für wen interessierst du dich denn?
7. Von wem hast du geträumt?
8. Auf wen freust du dich denn so?

a. Von dir.
b. Mit dem Bus.
c. Für große Sportler.
d. Auf meine Tante.
e. Für Stepp-Tanz und Theater.
f. Von meiner Zukunft als Reporterin.
g. Auf den Besuch meiner Tante.
h. Mit meinen Eltern.

1	2	...
...	...	...

12 Wer übernimmt die Verantwortung?

Wer kümmert sich ••• die Kinder? Wer denkt ••• die Obdachlosen?

Wer kämpft ••• mehr Gerechtigkeit? Wer sorgt ••• die Kranken?

Wer erinnert sich ••• die Alten? Wer ärgert sich ••• die Armut?

Wer setzt sich ••• den Problemen auseinander?

Wer engagiert sich ••• den Umweltschutz? Wer nimmt ••• der Antikriegsdemo teil?

AB S. 95: Ü. 7, 8, 9

Du kannst ...

fragen

Wofür interessierst du dich?
Um wen kümmerst du dich?

auf Fragen antworten

Ich interessiere mich für das Freiwillige Soziale Jahr.   ✓
Ich kümmere mich um behinderte Kinder.   ✓

... ...

soziales Engagement beschreiben   ✓

Wie entsteht eine Schüler-zeitung?

1 So steht's in der Zeitung. Stimmt das? Diskutiert in der Klasse.

Endlos lange vor dem Fernseher abhängen?

Ob surfen, mailen oder chatten, Musik hören oder Games spielen: Ohne Internet läuft nix.

Null Bock auf Zeitung!

Unsere tägliche SMS: Jugendliche sind besonders tippfreudig!

Jugendliche meiden Bücher!

Jugendsprache: Null Bock auf ... = Keine Lust auf ...; abhängen = herumhängen, sich aufhalten; nix = nichts

2 Eine Umfrage zum Medienkonsum am Brecht-Gymnasium in Augsburg.

Befragt wurden ca. 200 Schülerinnen und Schüler aus allen Klassenstufen.
Kommentiert die Ergebnisse in der Klasse.

	Jungen	Mädchen
Mehr als eine Stunde / Tag Radio hören:	28 %	39 %
Mehr als zwei Stunden / Tag Fernsehen gucken:	46 %	51 %
Mehr als zwei Stunden / Tag Internet nutzen:	91 %	87 %
Mehr als 15 Minuten / Tag Zeitung lesen:	36 %	30 %
Mehr als eine Stunde / Tag Bücher oder Zeitschriften lesen:	35 %	55 %
Mehr als eine Stunde / Tag PC-/Videospiele machen:	45 %	20 %
Mehr als eine Stunde / Tag telefonieren oder SMS verschicken:	77 %	86 %

Benutze folgende Redemittel:

Die Tabelle / Umfrage / Statistik zeigt, dass ...
Aus der Tabelle / Umfrage / Statistik geht hervor, dass ...
Nur 20 % der Mädchen ...
Es fällt auf, dass ... / Überraschend ist, dass ...

3 Die Meinung einer Expertin.

Prof. Dr. Michaela Kuhn, Dozentin für Soziologie an der Universität München, äußert sich zu den Ergebnissen der Umfrage am Brecht-Gymnasium.

„Die Umfrage am Brecht-Gymnasium bestätigt, dass Jugendliche heute viel Zeit mit dem Handy und im Internet verbringen. Im Internet besuchen Jugendliche vor allem Online-Communities. Durchschnittlich haben sie da etwa 300 Kontakte oder „Freunde". Aber auch das Fernsehen spielt in der Freizeit nach wie vor eine große Rolle. Lieblingssendungen sind bei Mädchen Castingshows und Soaps, bei Jungen Sitcoms und Zeichentrickserien. Interessant ist, dass viele Jugendliche regelmäßig und gerne Radio hören, z.B. morgens beim Aufstehen oder beim Mittagessen. Die verschiedenen Medien werden übrigens oft parallel genutzt, beim Fernsehen wird z.B. nicht nur gegessen, es wird auch gesimst und gechattet.
Früher wurde mehr gelesen als heute – das ist bekannt. Die Situation ist aber überhaupt nicht so alarmierend, wie viele vermuten. Bücher, aber auch Zeitschriften und Tageszeitungen werden von vielen Jugendlichen heutzutage auch noch regelmäßig und gerne gelesen. Mädchen liegen in den Statistiken bei den Büchern vorn, Jungen bei den Zeitschriften und Tageszeitungen. Umfragen zeigen auch, dass Tageszeitungen bei Jugendlichen einen guten Ruf haben. So denken die meisten Jugendlichen, dass die Informationen in Tageszeitungen besser recherchiert werden und deswegen glaubwürdiger sind als im Fernsehen, Internet oder im Radio."

4 Zum Textverständnis: Fragen und Antworten.

1. Wer ist Michaela Kuhn?
2. Was zeigen ihrer Meinung nach die Ergebnisse der Umfrage?
3. Was sagt sie außerdem über die Internet-, Fernseh- und Radionutzung?
4. Welche Unterschiede gibt es zwischen Mädchen und Jungen?
5. Was sagt sie über das Leseverhalten von Jugendlichen?
6. Was denken Jugendliche über Tageszeitungen?
7. Was meinst du? Wie sind deine Erfahrungen?

Grammatik

Passiv
Die Medien **werden** parallel **genutzt**.
Beim Fernsehen **wird gegessen**, **gesimst** und **gechattet**.
Früher **wurde** mehr **gelesen**.

5 Wie war das vor 20 Jahren, wie ist es heute?
Übt zu zweit wie im Beispiel.

- Wurde damals auch so viel ferngesehen?
- Nein, damals wurde mehr gelesen.
- Und heutzutage?
- Heutzutage wird immer weniger gelesen und immer mehr ferngesehen.

Ebenso mit:

chatten – telefonieren
Videogames spielen – Radio hören
im Internet surfen – in Bibliotheken recherchieren
SMS schreiben – Briefe schreiben (SMS = short message service)

> AB S. 96 - 97: Ü. 1, 2, 3, 4

6 Eine Schülerzeitung entsteht.
Eine Gruppe von Schülerinnen und Schülern in Tinas Schule hat eine Zeitungs-AG gegründet. Lies den Aushang am „Schwarzen Brett".

Diese Schule braucht eine Schülerzeitung ! ! !

Wer macht mit???
Wer möchte endlich mal seine Meinung sagen???
Wer kann gut schreiben???
Wer kann gut fotografieren???
Wer kann Seiten layouten???

Wir suchen auch noch einen Namen für unsere Zeitung.
Wer Ideen hat, soll sich melden ! ! !

Wenn du Lust, Zeit und Talente hast, dann komm zur ...

ersten Redaktionssitzung am Freitag, 15.00 Uhr, im Computerraum.

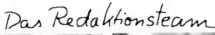

 Max
 Mona
 Ole
 Siri
 Julia

7 Was steht in einer Schülerzeitung? Sprecht in der Klasse.

8 Der Produktionsplan.

Redaktionssitzung 5. 3. **Wann**: 15.00 Uhr **Wo**: im Computerraum	Die erste Zeitungsnummer wird geplant: ☐ Themen, Umfang, Auflage, Finanzen ☐ Wer schreibt die Artikel? ☐ Wer macht das Layout? ☐ Wer kümmert sich um Bilder? ☐ Wer kümmert sich um Anzeigen? usw.
10. 3. – 30. 3.	Die Artikel werden geschrieben.
Redaktionssitzung 5. 4. **Wann**: 15.00 Uhr **Wo**: im Computerraum	Die Artikel werden vom Redaktionsteam redigiert.
10. – 16. 4.	Die einzelnen Seiten werden am Computer gestaltet und ausgedruckt.
18. 4.	Die Seiten werden im Copyshop kopiert und zusammengeheftet.
20. 4.	Die Zeitung wird anlässlich des 25-jährigen Schuljubiläums in der Aula vorgestellt und verteilt.

9 Lies und ergänze dabei.

Bausteine

In der Redaktionssitzung **wird** die Zeitungsnummer **geplant**.
Dann ... die Artikel ... .
Die Seiten ... am Computer ... und ... .
Anlässlich des 25-jährigen Schuljubiläums ... die Zeitung ... und ... .

10 Übt zu zweit.

● Was passiert am 15. 3.?
● Die Zeitung wird geplant.
● Was passiert vom 10. 3. – 30. 3.?
● ...

11 Wer hat was gemacht?

Du bist im Redaktionsteam der Zeitschrift. Für die Leserinnen und Leser schreibst du einen
kleinen Text über die Produktion der ersten Nummer: Wer hat was gemacht?
Du kannst so beginnen:

> Liebe Leserinnen und Leser unserer Schülerzeitung!
> Ich möchte euch jetzt das Redaktionsteam vorstellen: Mona, Max, Julia, Siri und ich ...

– Mona, Max, Julia, Siri und du: das Redaktionsteam

– Schüler der Klassen 7 und 8: die Verfasser der Artikel

– Du kannst gut fotografieren.

– Julia kann gut mit dem Computer umgehen.

– Monas Vater hat einen Copyshop.

– Max kann gut vor vielen Leuten reden.

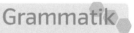

Grammatik

Aktiv: Julia **hat** die Seiten am Computer **gestaltet**.
Passiv: Die Seiten **wurden** am Computer **gestaltet**.

12 Die Zeitschrift ist DAS Gesprächsthema in der Schule. Hör zu. ▶57
Welche Antwort stimmt?

1. Den Schülern gefällt die erste Nummer ...

    a. sehr gut.
    b. gut.
    c. nicht so gut.

2. Die Zeitschrift heißt ...

    a. Maulwurf.
    b. Tintenfisch.
    c. Grashüpfer.

3. Das Thema des besten Artikels lautet:

    a. Unsere Schule muss schöner werden.
    b. Unsere Schule ist die schönste.
    c. Unsere Schule wird immer schöner.

4. Wollen die drei in Zukunft im Redaktionsteam mitarbeiten?

    a. Ja, alle drei.
    b. Nur eine / einer.
    c. Keine / Keiner.

13 Gibt es an deiner Schule eine Schülerzeitung? Wie heißt sie? Wer macht sie?
Wie findest du sie? Sprecht in der Klasse.

14 Erfindungen. Wann? Und von wem?

die Buchdruckkunst	1450	Johannes Gutenberg
das Telefon	1876	Alexander G. Bell
die Telegrafie	1895	Guglielmo Marconi
das Fernsehen	Anfang 20. Jh.	mehrere Forscher
das Internet	1960	die NASA

Übt zu zweit.

● Wann ist eigentlich das Telefon erfunden worden?
● Es wurde 1876 erfunden.
● Und von wem?
● Von ...

Grammatik

Wann **ist** das Telefon **erfunden worden**?
Es **wurde** 1876 von Alexander G. Bell **erfunden**.

15 Interviews: Eine Welt ohne Fernsehen – Traum oder Albtraum? ▶58
Wer sagt was? Ordne zu.

1. Wenn man das Fernsehen abschaffen würde, wäre es für mich persönlich nicht so schlimm.

2. Ohne Fernsehen bräuchten wir einen echten Babysitter für unsere Kinder.

3. Ohne Fernsehen hätte ich bestimmt mehr Zeit für meinen Freund.

4. Wenn es kein Fernsehen mehr geben würde, wüsste ich gar nicht, was ich in meiner Freizeit machen sollte.

5. Was würden meine Kinder ohne Fernsehen machen?

6. Ich wäre sehr traurig, wenn ich nicht mehr fernsehen könnte.

Daniel

Klara

Guido Beck

16 Diskussion in der Klasse: Sollte das Fernsehen abgeschafft werden?
Benutze die Sprachmittel von Ü 11, Modul 9 (Seite 89).

Ich finde, es gibt so tolle Sendungen, nicht nur blöde Quiz-Shows!

Fernsehen macht dumm!

Ich bin der Meinung, dass ...

Mit dem Fernsehen fühlen sich ältere Menschen nicht so einsam.

Wortschatz wiederholen!

17 Umfrageergebnisse an deiner Schule. Mach zu dem Text eine Tabelle für die Schülerzeitung.

> Die Statistik zeigt, dass 32 Prozent der Jungen und 45 Prozent der Mädchen jeden Tag mehr als zwei Stunden fernsehen. Es fällt auf, dass weniger Mädchen (87%) als Jungen (91%) das Internet regelmäßig nutzen. Aus der Umfrage ging hervor, dass nur 20% der Mädchen, aber immerhin 32% der Jungen ab und zu in die Tageszeitung schauen. Überraschend ist, dass alle Schülerinnen und Schüler ein Handy besitzen, 72% haben jeweils ein Smartphone. Nur 25% der Mädchen, aber 55% der Jungen machen regelmäßig Video-Games. Dafür treffen sich 80% der Mädchen regelmäßig mit Freunden und Freundinnen, aber nur 62% der Jungen.

18 Eine Schülerzeitung machen: Welche Verben passen?

1. Die Zeitung muss ••• werden.
2. Die Termine müssen ••• werden.
3. Autoren müssen ••• werden.
4. Die Artikel müssen ••• werden.
5. Die Artikel müssen vom Redaktionsteam ••• werden.
6. Fotos müssen ••• werden.
7. Die Seiten müssen am Computer ••• und ••• werden.
8. Die fertige Zeitung muss ••• und ••• werden.

festlegen
planen   ausdrucken
schreiben   kopieren
machen   gestalten
verteilen   finden
redigieren

AB S. 97-98: Ü. 5, 6

▶59 Aussprache! Hör gut zu und sprich nach!

Wörter aus anderen Sprachen:

im Internet surfen
chatten
mailen
eine SMS schreiben
Video-Games spielen

das Handy benutzen
die Seiten layouten
das Redaktionsteam
der Copyshop

Du kannst ...

über Statistiken sprechen	Die Statistik zeigt, dass ... ✓
	Aus der Umfrage geht hervor, dass ... ✓
	35 % der Mädchen / der Jungen ... ✓
	... ...
beschreiben, wie etwas gemacht wird	Die Artikel werden geschrieben. ✓
	Die Zeitung wird verteilt. ✓

Wir trainieren

1 „Die Schulstunde" heißt die Radiosendung, in der heute zwei Jugendliche zu Wort kommen.

Hör zuerst einmal die ganze Sendung. Worum geht es? ▶60

In der Sendung geht es um ...

a. Politik.

b. Rassismus.

c. Engagement von Jugendlichen.

Lies die Sätze 1–7. Hör dann Teil 1 des Interviews.

Jan

Welche Sätze stimmen?

1. Jan glaubt nicht, dass Jugendliche etwas bewirken können.

2. Jan ist Mitglied im Anti-Rassismus-Komitee seiner Schule.

3. In Jans Schule gibt es eine Sprechstunde für Schüler, die sich engagieren wollen.

4. Das Anti-Rassismus-Komitee hat eine Sprechstunde eingerichtet.

5. Farina ist aus Afrika.

6. Farina ärgert sich über die Kinder, die hinter ihr herlaufen.

7. Die Kinder haben sich geschämt.

Lies nun die Sätze 8–14. Hör dann Teil 2 des Interviews.

Verena

Welche Sätze stimmen?

8. Verena hat sich schon immer für Politik interessiert.

9. Zu Hause wird nie über Politik gesprochen.

10. Verena war schon mit 14 Klassensprecherin.

11. Sie wurde zur Schulsprecherin gewählt,
    weil sie besonders beliebt war.

12. In ihrer Schule will sich niemand engagieren.

13. Sie hat ein Schülerparlament gegründet.

14. Im Schülerparlament wird viel diskutiert.

2 Du hörst fünf kurze Texte. Hör jeden Text nur einmal.   ▶61–65
Welche der beiden Aussagen stimmt?

Text 1:
1. Reiner geht am Wochenende mit seinem Hund spazieren.
2. Reiner geht am Wochenende mit einem fremden Hund spazieren.

Text 2:
1. In den Ferien hilft Ilona in einer Katzenpension.
2. In den Ferien bekommt Ilona endlich eine Katze.

Text 3:
1. Thomas hilft den Nachbarskindern bei den Hausaufgaben.
2. Der Nachbar hilft den Kindern bei den Hausaufgaben.

Text 4:
1. In den Ferien sucht Helmut vor allem Spannung und Abenteuer.
2. In den Ferien will Helmut sich vor allem entspannen.

Text 5:
1. Uwe hätte gern mehr Geld, um sich ein Mofa zu kaufen.
2. Uwe wünscht sich von seinen Eltern ein Mofa.

3 Welche Überschrift passt zu welchem Text?
Du findest hier acht Überschriften und fünf Texte.
Lies zuerst die Überschriften und dann die Texte. Drei Überschriften passen nicht.

Mach eine Tabelle in dein Heft.

Überschrift	A	B	•••
Text	•••	•••	•••

A Unsere tägliche SMS

B Das Internet: Spannung oder Entspannung?

C Party gehen – das große Freizeitvergnügen!

D Woher kommt das Geld?

E Null Bock auf Bücher!

F Ohne Moos – nix los! – Ohne Geld geht gar nichts!

G Alles dreht sich ums Shoppen!

H Immer mehr Jugendliche machen Schulden

1

Harry Potter kennen fast alle – und doch verlieren viele Jugendliche die Lust am Lesen. In einer Umfrage der deutschen Verlage gaben nur noch 47 Prozent der 14–19-Jährigen an, gern oder besonders gern Bücher zu lesen. Im Jahr 1995 hatten noch 60 Prozent das Lesen zu den liebsten Freizeitbeschäftigungen gezählt. Internet, Fernsehen, Computerspiele und Video galten als Aktivitäten, die Teens lieber wählen als das Lesen langer Texte.

2

Zwei Drittel aller 14- bis 19-jährigen Handybenutzer verschicken täglich mindestens eine Textnachricht von ihrem Handy, sechs von zehn interessieren sich für Bildnachrichten (MMS). Allerdings tun sie dies nicht, um auf Distanz zu bleiben, sondern Text- und Bildnachrichten werden vor allem dazu verwendet, Verabredungen zu treffen. Und viele Jugendliche finden es einfach toll, ständig erreichbar zu sein und alle und jeden ständig erreichen zu können.

3

Die meisten Jugendlichen sitzen stundenlang vor dem Computer und kommunizieren mit ihren Freunden übers Internet. Auch Musikhören und -herunterladen übers Internet gehört für sie zum Alltag. Die Mädchen schätzen vor allem die Möglichkeiten der sozialen Interaktion durch E-Mails und Chatten, sie suchen Entspannung im Internet. Die Jungen dagegen sehen das Internet als virtuellen Abenteuerspielplatz, sie suchen vor allem Aufregung in spannenden Action- und Strategiespielen.

4

33 Prozent der Mädchen zwischen 14 und 19 Jahren verdienen laut einer Jugendstudie eigenes Geld, 58 Prozent bekommen Taschengeld, für die anderen gilt beides. Bei den Jungen ist es ähnlich. Aber Mädchen bekommen mehr Taschengeld, nämlich jedes zweite 100 Euro pro Monat. Bei den Jungen hat die Hälfte der 14–15-Jährigen 75 Euro. Aber viele Jungen verhandeln jeden Monat mit den Eltern über größere Beträge.

5

Für viele Jugendliche ist Einkaufen ein wichtiger Teil der Freizeitgestaltung. Die Mädchen geben ihr Geld am liebsten für Mode aus, gefolgt von Ausgehen, Kino, Handy, Kosmetik. Die unter 14-Jährigen kaufen am liebsten imagestarke Marken, bei den Älteren ist die Kombination von „No-names" mit teuren Klamotten cooler. Manche Mädchen haben eine richtige „Kaufsucht", sie kaufen, um sich von Problemen mit Eltern, Schule oder Liebe abzulenken.

Also, ... die Überschrift A passt zu Text ...

4 Im Internet hast du diese Anfrage gefunden.

> **?**
>
> Wer hat schon an einer Sprachreise teilgenommen? Meine Eltern wollen, dass ich im Sommer nach Frankreich fahre, um mein Französisch zu verbessern. Aber ich weiß überhaupt nicht, was eine Sprachreise ist. Vielleicht kannst du mir Informationen aus erster Hand geben. Das wäre sehr nett.
>
> Tim Meyer
> E-Mail: tim.m@com.de

Antworte auf die Anfrage. Schreib zu jedem Punkt einen oder zwei Sätze (circa 50 Wörter). Vergiss nicht, deine E-Mail-Adresse anzugeben.

1. Stell dich vor.

2. Du warst letzten Sommer in Deutschland.

3. Du hast einen Kurs besucht und bei einer Familie gewohnt.

4. Du hast viel Spaß gehabt, weil ...

5. Rate Tim, nach Frankreich zu fahren.

Hallo Tim,

5 Eine Anfrage schreiben.
Du bist an dem FSJ (siehe Seite 121) interessiert und meldest dich bei pro-fsj.de. Schreib etwas zu den fünf Punkten.

1. Stell dich kurz vor.

2. Dein Interesse an dem FSJ.

3. Deine eventuellen Erfahrungen im sozialen Bereich.

4. Bereich, in dem du tätig sein möchtest.

5. Deine Erwartungen an das FSJ.

(*Abschluss einer offiziellen Anfrage*:
Ich danke Ihnen im Voraus und freue mich auf Ihre Antwort.)

6 Eine Präsentation vorbereiten.

Bereite eine Präsentation (ca. 3 Minuten) zu folgendem Thema vor:
Ist ein Freiwilliges Soziales Jahr für junge Leute sinnvoll?
Beachte die fünf Schritte und notiere deine Ideen zu den Folien in deinem Heft.

Folie 1

Ist ein
Freiwilliges Soziales Jahr
sinnvoll?

1. Worum geht es?

   Stell dein Thema vor.
   Nenn aber nicht nur den Titel, sondern beschreib
   das Thema in 2–3 Sätzen.

Folie 2

Meine persönlichen
Erfahrungen

2. Welche persönliche Erfahrungen hast du mit
   dem Thema bereits gemacht?

   Erzähl von dir oder alternativ auch von Freunden
   oder deiner Familie.

Folie 3

Die Situation in meinem
Heimatland

3. Wie ist die Situation in deinem Land?
   Gib 1–2 Beispiele.

Folie 4

Vor- und Nachteile
+
Meine Meinung

4. Welche Vorteile oder Nachteile hat ein Freiwilliges
   Soziales Jahr?

   Wie ist deine Meinung dazu?
   Nenn ein 1–2 Beispiele.

Folie 5

Abschluss
+
Dank

5. Beende deine Präsentation mit einem Schluss-Satz.
   Bedanke dich bei deinen Zuhörern.

7 Tragt eure Präsentationen in der Kleingruppe oder in der Klasse vor, reagiert danach auf
Fragen und sprecht über die Präsentationen:

– Was heut euch gefallen?   – Was war neu / interessant?   – Was ist euch noch aufgefallen?

8 Wie hat dir deine Präsentation gefallen? Was hat gut geklappt? Was musst du noch
trainieren? Schreib in dein Heft.

rammatik

1. *statt ... zu* + Infinitivsatz / *stattdessen*

a. Lies die Beispiele.

<u>Eigentlich</u> wollte Tina am Wochenende ihre Tante besuchen.   (A)
<u>Aber</u> sie musste für die Physikarbeit lernen.   (B)
(Anstelle von A .... passiert B).
→ **Statt** ihre Tante **zu** besuchen, musste sie für die Physikarbeit lernen.

Er badet nicht, er duscht lieber.
→ **Statt zu** baden, duscht er lieber.

Stefan geht nicht mehr jeden Nachmittag weg. Er lernt jetzt mehr.
→ **Statt** jeden Nachmittag weg**zu**gehen, lernt er jetzt mehr.

b. Erinner dich an den Infinitivsatz mit „zu" (Wir neu A2). Mach einen Beispielsatz.

1

Ergänze die Regel:

Im Infinitivsatz mit „zu" steht der Infinitiv ⬤.
Trennbare Verben: „zu" steht zwischen dem ⬤ und dem ⬤.

c. Lies die Beispiele.

<u>Eigentlich</u> wollte Tina am Wochenende ihre Tante besuchen.   (A)
<u>Aber</u> sie musste für die Physikarbeit lernen.   (B)
→ Eigentlich wollte Tina am Wochenende ihre Tante besuchen. **Stattdessen** musste sie für die Physikarbeit lernen.

Stefan geht nicht mehr jeden Nachmittag weg. Er lernt jetzt mehr.
→ Stefan geht nicht mehr jeden Nachmittag weg. **Stattdessen** lernt er jetzt mehr.

Beachte: „statt ... zu + Infinitiv" und „stattdessen" bedeuten dasselbe, aber sie haben eine andere Konstruktion.

d. Sag es mit „statt ... zu " oder mit „stattdessen".

2

1. Ich gehe nicht zu Fuß in die Schule, sondern fahre mit dem Fahrrad.
2. Lisa isst keine Süßigkeiten mehr, sondern nur noch Obst und Gemüse.
3. Eigentlich müsste ich lernen. Aber ich sehe mir lieber den Krimi im Fernsehen an.
4. Sie kauft sich keine teuren Klamotten, sie spart das Geld für eine Weltreise.
5. Wirfst du das Papier in den Mülleimer? – Nein, ich werfe es in den Altpapier-Container.

2. Fragesätze im Nebensatz / Indirekte Fragen

a. Lies die Beispiele.

Die Interviewerin fragt:

„Wie gefällt es dir in der Schule?"
„Hast du gute Noten?"
„Welchen Sport treibst du?"
„Bist du eine Umweltschützerin?"
„Willst du eine Sprachreise machen?"
„Wann fährst du nach London?"

Fragen im Nebensatz:

Die Interviewerin möchte wissen,

wie es Tina in der Schule **gefällt**.
ob sie gute Noten **hat**.
welchen Sport sie **treibt**.
ob sie eine Umweltschützerin **ist**.
ob sie eine Sprachreise machen **will**.
wann sie nach London **fährt**.

(3)

Ergänze die Regeln:

Indirekte Fragen

◍ Fragen mit Fragewort: Das ◍ leitet den Nebensatz ein, das konjugierte Verb (Verb mit Personen-Endung) steht ◍.
◍ Fragen ohne Fragewort: Das Wörtchen ◍ leitet den Nebensatz ein, das konjugierte Verb steht ◍.
◍ Direkte Fragen haben immer ein ◍, indirekte Fragesätze haben meist ◍ Fragezeichen am Ende. **Aber**: Weißt du, wie Sonnenkollektoren funktionieren? (Der ganze Satz ist eine Frage.)

b. Übersetze die Beispiele in a in deine Sprache. Wie übersetzt du „ob"?

Beachte: Fragesätze im Nebensatz stehen zum Beispiel nach:

Sie möchte wissen,
Sie hat gefragt,
Kannst du mir sagen,
Ich möchte wissen,
Ich weiß nicht,
Weißt du,
Erklär mir,

ob Windräder genug Energie produzieren.
wie Sonnenkollektoren funktionieren.

TIPP: Überleg immer: Was für eine Frage steckt dahinter?

Beachte: Wo ist Anna? Ist sie krank?
◍ Wer weiß, **wo** Anna ist und **ob** sie vielleicht krank ist?
◍ Ich weiß, **wo** sie ist, und ich weiß, **dass** sie krank ist. (Ich weiß, es ist so.)

(4)

c. Was fehlt? Fragewort, „ob" oder „dass"? Lies laut.

Stefan erzählt:

In Geografie hatten wir gestern einen Vertreter von Greenpeace. Er wollte wissen, ◍ wir für den Umweltschutz machen. Er fragte uns, ◍ wir zu Hause Sparlampen benutzen und ◍ wir unseren Computer den ganzen Tag laufen lassen. Er erklärte uns, ◍ man Energie und Wasser sparen kann. Er wollte wissen, ◍ jemand aus der Klasse Mitglied bei Greenpeace ist. Er hat uns gesagt, ◍ jeder etwas für die Umwelt tun kann. Ich habe ihn gefragt, ◍ er schon bei Greenpeace ist. Er hat gesagt, ◍ er schon mehr als 20 Jahre bei Greenpeace mitarbeitet.

d. Welche direkten Fragen hat der Vertreter von Greenpeace im Unterricht gestellt?

3. *Für wen? Mit wem? – Wofür? Womit?*

a. Lies die Beispiele.

- Tina, **für wen** sind die Ohrringe?
- Für meine **Mutter**.

- **Mit wem** gehst du ins Schwimmbad?
- Mit meinen **Freunden**.

- Stefan, **wofür** brauchst du neue Sportschuhe?
- **Fürs** Fußballspielen. Die alten sind kaputt.

- **Womit** bezahlst du den neuen Walkman?
- Mit meinem **Taschengeld**, ich habe genug gespart.

b. Übersetze die Beispiele in a in deine Sprache. Wie übersetzt du „für wen",
wie übersetzt du „wofür"? Wie übersetzt du „mit wem", wie übersetzt du „womit"?

5

Ergänze die Regel:

„Für wen?", „Mit wem?" bezieht sich auf ●. „Wofür?", „Womit?" bezieht sich auf ●.

TIPP: Lern immer **Präposition + Kasus**: *für* + Akkusativ
mit, bei, von, zu, … + Dativ

4. Verben mit Präposition(en)

a. Lies die Beispiele.

- Tina, **worüber ärgerst** du dich am meisten?
- Am meisten **ärgere** ich mich **über** meine schlechten Noten in Englisch.
- Und **zu wem** hast du am meisten **Vertrauen**?
- Am meisten **Vertrauen** habe ich **zu** meinen Eltern.

Beachte: Viele Verben haben eine bestimmte Präposition, manche haben auch zwei.
Die Präposition hat einen bestimmten Kasus (Akkusativ oder Dativ).

TIPP: Lern immer **Verb + Präposition + Kasus!**

b. Sieh dir im Arbeitsbuch auf Seite 109 die Liste der Verben mit Präposition und die
Beispielsätze an. Du kannst die Beispielsätze auswendig lernen.

c. Lies die Beispiele.

- Julia, **worüber** freust du dich denn so?
- Ich **freue** mich **über** meine gute Note in Deutsch.
- Ja, **darüber** kannst du dich wirklich freuen.

- Paul, **woran** denkst du? (neutrale Frage)
- Ich denke **an** meine Freundin. Ich denke sehr oft **an sie**.

- Viola, **womit** kann ich dir eine Freude machen?
- **Mit** einer Kinokarte. **Damit** kannst du mir immer eine Freude machen!

Beachte: ● wo+mit → womit; wo+zu → wozu; …;
wo+über → worüber; wo+auf → worauf; wo+an → woran; …

● Sachen: womit? – damit; wofür? – dafür; worüber? – darüber; …
Personen: mit wem? – mit ihm / mit ihr; an wen? – an ihn / an sie; …

d. Lies laut.

6

● Tina, erzähl doch einmal etwas aus eurer Solidar-AG.
● Tja, ● soll ich anfangen?
● Zum Beispiel: ● redet ihr? ● wen kümmert ihr euch?
● Einige von uns kümmern sich ● ausländische Schüler an unserer Schule.
Andere interessieren sich ● soziale Probleme. Wir diskutieren viel ● die Armut in der Welt.
Dabei denken wir nicht nur ● die Armut in Afrika, sondern auch bei uns.
● Habt ihr auch schon ● die Drogenproblematik gedacht.
● Nein, ● haben wir noch nicht gedacht. ● kümmern wir uns später.

5. Passiv – Aktiv

a. Lies die Beispiele.

Generell **wird** heute weniger **gelesen**.   (Präsens)
Früher **wurde** viel mehr **gelesen**.   (Präteritum)

● Das Telefon **ist** 1876 **erfunden worden**.   (Perfekt)
● Weißt du auch **von wem**?
● Ja, **von** Alexander G. Bell.

b. Übersetze die Beispiele in a in deine Sprache. Wie drückst du das Passiv aus?

7

> **Ergänze die Regel:**
>
> Das Passiv bildet man mit ● und mit dem ● des Verbs.
> Wenn man die Person nennt, gebraucht man die Präposition ● + Dativ.

c. Erinner dich an die anderen Bedeutungen von „werden" (B1.1, Modul 7, Seite 38).

Beachte: Walt Disney   **hat** 1928 Mickey Mouse **erfunden**.
Mickey Mouse   **ist** 1928 von Walt Disney **erfunden worden**. (g̶e̶worden)
                                                              1.   2.

d. Lies laut. (Passiv / Aktiv)

8

Die Entstehung einer Schülerzeitung:

● Also, die erste Zeitungsnummer ● schon im Mai ●,   planen
die Artikel ● dann im Juni ● und ●.   schreiben, illustrieren
Im Juli ● Julia dann die Seiten ● und ●.   gestalten, ausdrucken
Auf der Jahresabschlussfeier ● die Nummer ●.   vorstellen
Jetzt ● gerade die nächste Nummer ●.   vorbereiten
● Und wie ● die Direktorin ●?   reagieren
● Die Zeitschrift ist von allen sehr ● ●,   loben
auch ● ● Direktorin.

Lösungen für ●:

1. Im Infinitivsatz mit „zu" steht der Infinitiv **am Ende.** Trennbare Verben: „zu" steht zwischen dem **Präfix** und dem **Verb.**

2. 1. **Statt** zu Fuß zur Schule **zu gehen, fahre ich** mit dem Fahrrad. / Ich gehe nicht zu Fuß zur Schule. **Stattdessen fahre ich** mit dem Fahrrad. 2. **Statt** Süßigkeiten **zu essen, isst Petra** nur noch Obst und Gemüse. / Petra isst keine Süßigkeiten mehr. **Stattdessen isst sie** ... 3. **Statt zu lernen, sehe ich** mir lieber den Krimi im Fernsehen an. / Ich lerne nicht. **Stattdessen sehe ich** ... 4. **Statt** sich teure Klamotten **zu kaufen, spart sie** das Geld für eine Weltreise. / Sie kauft keine teuren Klamotten. **Stattdessen spart sie** ... 5. **Statt** das Papier in den Mülleimer zu **werfen, werfe ich** es in den Altpapier-Container. / Ich werfe das Papier nicht in den Mülleimer. **Stattdessen werfe ich** es in den Altpapier-Container.

3. Das **Fragewort** leitet den Nebensatz ein, das konjugierte Verb steht **am Ende.** / Das Wörtchen ob leitet den Nebensatz ein, das konjugierte Verb steht **am Ende.** / Direkte Fragen haben immer ein **Fragezeichen,** indirekte Fragen haben meist **kein** Fragezeichen am Ende.

4. was, ob, wie, ob, wie lange, dass

5. **Für wen?, Mit wem?** bezieht sich auf **Personen.** Wofür?, Womit? bezieht sich auf **Sachen.**

6. womit, Worüber, Um, um, für, über, an, daran, Darum

7. Das Passiv bildet man mit **werden** und mit dem **Partizip Perfekt** des Verbs. Wenn man die Person nennt, gebraucht man die Präposition **von** + Dativ.

8. Also, die erste Zeitungsnummer **wurde** schon im Mai **geplant,** die Artikel **wurden** dann im Juni **geschrieben** und **illustriert.** Im Juli **hat** Julia dann die Seiten **gestaltet** und **ausgedruckt.** Auf der Jahresabschlussfeier **wurde** die Nummer **vorgestellt.** Jetzt **wird** gerade die nächste Nummer **vorbereitet.**
● Und wie **hat** die Direktorin **reagiert?**
● Die Zeitschrift ist von allen sehr **gelobt worden,** auch **von der** Direktorin.

Teste dein Deutsch!
Wortschatz und Grammatik

1 Definitionen.

1. Wer die Umwelt schützt, ist ein •••.
2. In einem ••• wohnen alte Menschen.
3. Eine Flasche aus Plastik ist eine •••.
4. Der Müll kommt in den •••.
5. An der ••• für Batterien werden Batterien gesammelt.
6. Ein Korb für Einkäufe ist ein •••.
7. Die Schulcomputer stehen im •••.
8. Eine Zeitung, die die Schüler selbst machen, ist eine •••.
9. Im ••• kann man etwas kopieren lassen.
10. Die Gestaltung einer Zeitschrift nennt man •••.

2 Findest du 7 Adjektive zum Thema Umwelt?

na – be – sam – ma – ber – um – lich – gen – pu – welt – schäd – un – wusst – spar – ni – liert – tig – sau – tür – lich – nö

3 Ich – Ich – Ich!

1. Wer kümmert sich ••• mich? 2. Wer denkt ••• mich? 3. Wer erinnert sich ••• mich?
4. Wer interessiert sich ••• mich? 5. Wer träumt ••• mir?

4 Worüber sprechen wir heute? Akkusativ oder Dativ!

Wir wollen heute über ••• Thema „Frieden in der Welt" diskutieren. Ihr müsst euch mit ••• Thema auseinandersetzen. Wir müssen uns für ••• Frieden engagieren. Ich freue mich auf ••• Diskussion. Beginnen wir mit ••• Diskussion!

5 Was gehört in die Lücken?

1. ••• hast du Vertrauen? – Zu meiner Freundin. 2. Möchtest du etwas zu dem Thema sagen? – Nein, ••• möchte ich nichts sagen. 3. ••• geht es in diesem Roman? – Um eine Liebesgeschichte. 4. ••• geht es? – Um meine Schwester. 5. Nimmst du an der Veranstaltung teil? – Ja, ich nehme ••• teil.

6 Was passt?

Weißt du, ...1... das Telefon erfunden ...2...? – Ich weiß, ...3... es von A.G. Bell erfunden ...4... ist, aber ich weiß nicht, ...5... im 19. oder im 20. Jahrhundert.

1 wann	**2** wird	**3** ob	**4** geworden	**5** ob
ob	wurde	dass	worden	dass

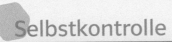

Selbstkontrolle

> **Lösungen auf Seite 142**

Du hast ...
... maximal 4 Fehler: SEHR GUT! Mach weiter so!
... 5 bis 8 Fehler: noch o.k. Aber du kannst es besser!
... mehr als 8 Fehler: Wiederhol die Übungen von Modul 10.

Teste dein Deutsch! - Lösungen
Wortschatz und Grammatik

Modul 7

❶ 1h, 2g, 3f, 4i, 5j, 6a, 7b, 8c, 9e, 10d
❷ aufgeschlossen, effizient, kreativ, fleißig, begeistert, zuverlässig, interessant, super
❸ wird, wirst, werden, werdet, wird, werden
❹ dass, wenn, Um, zu, wenn, Wenn, dass, Um, zu
❺ warm, wärmer, am wärmsten; kalt, kälter, Am kältesten

Modul 8

❷ naiv, böse, schüchtern, vergnügt, müde, komisch
❸ 1f, 2e, 3b, 4g, 5c, 6a, 7d
❹ 1: war, 2: hat, 3: konnte, 4: hat, 5: ist, 6: habe, 7: sind
❺ Es war Liebe auf den ersten Blick. Und wenn sie nicht gestorben sind, dann leben sie noch heute.

Modul 9

❷ Zum Beispiel: Tina hat lange, braune Haare und ein ovales Gesicht. Sie ist groß und schlank. Sie trägt eine blaue Strickjacke, ein graues T-Shirt, enge, blaue Jeans und weiße Sportschuhe. Sie hat eine blaue Handtasche.
❸ den, das, die, der, die
❹ 1. wurde, 2. würde, 3. konnte, 4. könntest, 5. solltest, 6. Würdest
❺ 1. Was für ein, 2. Welches, 3. Welcher, 4. Was für einen, 5. Welchen, 6. Was für

Modul 10

❶ (der) Umweltschützer, 2. (das) Altersheim, 3. (die) Plastikflasche, 4. (der) Mülleimer, 5. (die) Sammelstelle, 6. (der) Einkaufskorb, 7. (der) Computerraum, 8. (die) Schülerzeitung, 9. (der) Copyshop, 10. (das) Layout
❷ umweltbewusst, genmanipuliert, sparsam, schädlich, natürlich, sauber, unnötig
❸ 1. um, 2. an, 3. an, 4. für, 5. von
❹ 1. das, 2. dem, 3. den, 4. die, 5. der
❺ 1. Zu wem, 2. dazu, 3. Worum, 4. Um wen, 5. daran
❻ 1: wann, 2: wurde, 3: dass, 4: worden, 5: ob

Trackliste Audios

Track	Übung	Inhalt
Modul 7: Pläne		
Lektion 1: Ich will Tennisspielerin werden		
1	1	Was fragt die Reporterin? Was antwortet Tina?
2	5	Hör zu und sprich nach.
3–8	7	Erkennst du den Beruf?
9	16	Was sagen sie?
10	Arbeitsbuch, Übung 12:	Was möchte Martina werden?
11	Aussprache:	Hör gut zu und sprich nach!
Lektion 2: Was wirst du dann machen?		
12	2	Was stimmt?
13	4	Was wird Tina nach der Schule machen?
14 / 15	16	Zwei Interviews: Was sind eure Pläne?
Lektion 3: Eine Sprachreise nach England		
16	6	Familienrat.
17	Arbeitsbuch, Übung 13:	Herr Langer erzählt.
18	15	Ein Gespräch im Reisebüro.
19	Arbeitsbuch, Übung 15:	Justine erzählt.
20	Aussprache:	Hör gut zu und sprich nach!
21	Wir singen:	Das Fremdsprachenlied
Modul 7: Wir trainieren		
22	Dialog 1a:	Martina will Reiseleiterin werden.
23	Dialog 1b:	Herr Asbrand ist Bankdirektor.
24	Interview 2:	Frau Schneider ist Lehrerin für Deutsch als Fremdsprache.
Modul 8: Gestern, vorgestern, einmal …		
Lektion 1: Wie hast du Mutti kennengelernt?		
25	2	Wie war es wirklich?
26	Arbeitsbuch, Übung 14:	Herr und Frau Meier erzählen.
27	Intonation:	Hör gut zu und sprich nach!
Lektion 2: Wie war es damals?		
28	1	Worum geht es?
29	12	Die Oma erzählt.
30	Arbeitsbuch, Übung 9:	Herr Keller erzählt.
Lektion 3: Es war einmal …		
31	Arbeitsbuch, Übung 7:	Froschkönig und Froschprinzessin.
32	Aussprache:	Hör gut zu und sprich nach!
Modul 8: Wir trainieren		
33	Text 1:	Wer hat Karl Meier gesehen?
34	Text 2:	Wie haben sie sich kennengelernt?
35	Gespräch 3:	Sebastian und seine Mutter sprechen über die Schule.

Track	Übung	Inhalt
Modul 9: Persönlichkeit, Mode, Beziehungen		
Lektion 1: Was für ein Typ ist Thomas?		
36	10	Wie sieht Thomas aus?
37	14	Julia beschreibt ihre neue Freundin.
38	Aussprache:	Hör gut zu und sprich nach!
39	Wir singen:	Hast du den Mann da gesehen?
Lektion 2: Was soll ich anziehen?		
40	4	Was soll ich anziehen?
41	9	Interview mit Timo.
42	Arbeitsbuch, Übung 8:	Die neue Lehrerin ist ein bisschen altmodisch.
Lektion 3: Verstehst du dich gut mit deinen Eltern?		
43	1	Ein Gespräch unter Freundinnen.
44	Arbeitsbuch, Übung 2:	Interview mit Julia.
45	Intonation:	Hör gut zu und sprich nach!
Modul 9: Wir trainieren		
46	Text 1a:	Florian erzählt.
47	Text 1b:	Marion erzählt.
48	Text 1c:	Eine Radiosendung.
49	2	Gespräch zwischen Jürgen und Beate.
Modul 10: Gesellschaft, Umwelt, Medien		
Lektion 1: Was tust du für die Umwelt?		
50	2	Wie ist es bei Familie Weigel?
51	7	Hör zu und sprich nach!
52	Aussprache:	Hör gut zu und sprich nach!
Lektion 2: Tina engagiert sich für …		
53	3	Hör zu und lies mit.
54–56	9	Junge Leute berichten über das Freiwillige Soziale Jahr.
54		Bernd
55		Vera
56		Anja
Lektion 3: Wie entsteht eine Schülerzeitung?		
57	12	Die Zeitschrift ist DAS Gesprächsthema in der Schule.
58	15	Interview: Eine Welt ohne Fernsehen – Traum oder Albtraum?
59	Aussprache:	Hör gut zu und sprich nach!
Modul 10: Wir trainieren		
60	1	Eine Radiosendung.
61–65	2	Du hörst fünf kurze Texte. Welche der beiden Aussagen stimmt?

Gesamtdauer: 64:35 Minuten

Bildquellen

U1 iStockphoto (Christopher Futcher), Calgary, Alberta • **U2** Klett-Archiv, Stuttgart • **9.1** Shutterstock (creo77), New York • **9.2** Shutterstock (wavebreakmedia), New York • **9.3** Fotolia.com (Jeanette Dietl), New York • **9.4** Fotolia.com (Karin & Uwe Annas), New York • **9.5** Thinkstock (boggy22), München • **9.6** Shutterstock (bikeriderlondon), New York • **9.7** Fotolia.com (drubig-photo), New York • **9.8** Shutterstock (Alexander Raths), New York • **9.9** Fotolia.com (industrieblick), New York • **9.10** Shutterstock (stefanolunardi), New York • **9.11** Shutterstock (Edw), New York • **9.12** Shutterstock (Frederic Legrand), New York • **11.1** Shutterstock (wavebreakmedia), New York • **11.2** Shutterstock (Dmitry Kalinovsky), New York • **11.3** Shutterstock (Fingerhut), New York • **11.4** Shutterstock (oneinchpunch), New York • **11.5** Shutterstock (Gokhan Arici), New York • **11.6** Thinkstock (boggy22), München • **12.1** Thinkstock (Alexander Bedrin), München • **12.2** Shutterstock (DVARG), New York • **12.3** Thinkstock (Elnur Amikishiyev), München • **12.4** Shutterstock (Hong Vo), New York • **12.5** Shutterstock (Ruslan Kerimov), New York • **12.6** Thinkstock (bora arda), München • **12.7** Shutterstock (Umberto Shtanzman), New York • **12.8** Thinkstock (claudiodivizia), München • **12.9** Shutterstock (ildogesto), New York • **12.10** Thinkstock (seregam), München • **12.11** Shutterstock (Horten), New York • **12.12** Thinkstock (Andrey_Kuzmin), München • **14** Shutterstock (Tyler Olson), New York • **21.1** Thinkstock (Wavebreakmedia Ltd), München • **21.2** Shutterstock (michaeljung), New York • **22.1** Fotolia.com (hipgnosis), New York • **22.2** Shutterstock (Ph0neutria), New York • **22.3** Shutterstock (Pressmaster), New York • **22.4** Thinkstock (monkeybusinessimages), München • **22.5** Shutterstock (Celal ERDOGDU), New York • **22.6** Thinkstock (martinturzak), München • **22.7** Shutterstock (LEONARDO VITI), New York • **22.8** Shutterstock (Dan Breckwoldt), New York • **22.9** Shutterstock (Kamira), New York • **25.1** Ernst Klett Verlag • **25.2** Shutterstock (Petar Djordjevic), New York • **25.3** Thinkstock (oleg pilipchyk), München • **25.4** PONS GmbH, Stuttgart, 2014 • **25.5** Thinkstock (Samarskaya), München • **25.6** Shutterstock (Sashkin), New York • **27.1** iStockphoto (diego_cervo), Calgary, Alberta • **27.2** Shutterstock (Monkey Business Images), New York • **30.1, 2** Thinkstock (Minerva Studio), München • **31** Shutterstock (Kinga), New York • **32.1** Shutterstock (Ron Ellis), New York • **32.2** Shutterstock (David Fowler), New York • **33** iStockphoto (Oktay Ortakcioglu), Calgary, Alberta • **48** Thinkstock (VVZann), München • **50** Shutterstock (Vector Icon), New York • **55** Shutterstock (Liudmila P. Sundikova), New York • **56** Shutterstock (Monkey Business Images), New York • **64** Shutterstock (Bokica), New York • **65.1** Shutterstock (Goodluz), New York • **65.2** Thinkstock (tetmc), München • **68** Fotolia.com (f/2.8 by ARC), New York • **78** Shutterstock (Cartoonhead), New York • **79** Shutterstock (Hugo Felix), New York • **80.1** Shutterstock (Minerva Studio), New York • **80.2** Shutterstock (vita khorzhevska), New York • **80.3** Shutterstock (Hugo Felix), New York • **80.4** Shutterstock (DenisNata), New York • **80.5** Shutterstock (slavapolo), New York • **81** Shutterstock (Mrovka), New York • **82** Thinkstock (ChrisBoswell), München • **85.1** Shutterstock (kedrow), New York • **85.2** Shutterstock (Elena Rostunova), New York • **85.3** Shutterstock (effe45), New York • **85.4** Shutterstock (Karkas), New York • **85.5** Shutterstock (Elnur), New York • **85.6** Shutterstock (Africa Studio), New York • **85.7** Shutterstock (kak2s), New York • **85.8** Shutterstock (Elnur), New York • **85.9** shutterstock (hidesy), New York • **85.10** iStockphoto (hidesy), Calgary, Alberta • **85.11** Shutterstock (mmcool), New York • **85.12** Shutterstock (vita khorzhevska), New York • **85.13** Shutterstock (Minerva Studio), New York • **85.14** Shutterstock (Christine Langer-Pueschel), New York • **88.1** Thinkstock (AlekZotoff), München • **88.2** Thinkstock (Comstock Images), München • **88.3** Thinkstock (Feverpitched), München • **88.4** Thinkstock (Catherine Yeulet), München • **90.1** Shutterstock (Karkas), New York • **90.2** iStockphoto (hidesy), Calgary, Alberta • **93.1** Thinkstock (Wavebreakmedia Ltd), München • **93.2** shutterstock • **93.3** Thinkstock (Roger Weber), München • **93.4** Thinkstock (danchooalex), München • **94.1** thinkstock • **94.2** Shutterstock (Sergey Peterman), New York • **94.3** Shutterstock (Danie Nel), New York • **94.4** Shutterstock (Julia Zakharova), New York • **96.1** Shutterstock (michaeljung), New York • **96.2** Thinkstock (Digital Vision.), München • **97.1** Thinkstock (kzenon), München • **97.2** Thinkstock (Wavebreakmedia Ltd), München • **99.1** Thinkstock (Lalouetto), München • **99.2** Shutterstock (Karkas), New York • **99.3** Shutterstock (Borislav Bajkic), New York • **114.1** Shutterstock (Uwe Landgraf), New York • **114.2** Shutterstock (Tupungato), New York • **114.3** Shutterstock (LianeM), New York • **114.4** Shutterstock (Chantal de Bruijne), New York • **115.1** Thinkstock (aopsan), München • **115.2** Fotolia.com (Zerbor), New York • **115.3** Thinkstock (Leestat), München • **118.1** Shutterstock (Lisa F. Young), New York • **118.2** Fotolia. com (Christian Schwier), New York • **118.3** Shutterstock (Viet Images), New York • **118.4** Fotolia.com (Christian Schwier), New York • **118.5** Fotolia.com (Silroby), New York • **118.6** Thinkstock (Ableimages), München • **118.7** Shutterstock (Pavel Svoboda), New York • **118.8** Fotolia.com (Christian Schwier), New York • **118.9** Fotolia. com (w1ndkh), New York • **121.1** Shutterstock (sematadesign), New York • **121.2** Shutterstock (wavebreakmedia), New York • **121.3** Shutterstock (wavebreakmedia), New York • **124** Shutterstock (michaeljung), New York • **125.1, 2, 3, 4, 5, 6** Fotolia.com (Christian Schwier), New York • **128.1** Shutterstock (Kenneth Sponsler), New York • **128.2** Shutterstock (Holly Kuchera), New York • **128.3** Shutterstock (villorejo), New York • **128.4** Shutterstock (gallofoto), New York • **128.5** Shutterstock (atribut), New York • **128.6** Shutterstock (Monkey Business Images), New York • **128.7** Shutterstock (shipfactory), New York • **128.8** Shutterstock (vgstudio), New York • **130.1** Thinkstock (Andrey Tsidvintsev), München • **130.2** Shutterstock (MJTH), New York • **131** Shutterstock (bikeriderlondon), New York • **7, 8, 13, 16, 17, 24, 25, 45, 46, 47, 49, 52, 53, 54, 75, 76, 77, 84, 86, 91, 109, 110, 111, 112, 113, 117, 119** Stephan Klonk Fotodesign, Berlin

Impressum Audios

Sprecher: Henrik van Ypsilon, Dorothea Baltzer, Cornelius Dane, Hede Beck, Jonathan Paul-Knecht, Sarah Basal, David Ziegler, Luis Illenberger, Julia Bär, Odine Johne, Katrin Schlomm
Musik: OMNI-Mediasound; Sonoton
Gesang: Jeschi Paul
Musikal. Begleitung: Frank Rother
Produktion: Bauer Studios, Ludwigsburg; Andreas Nesic Costum Music

© Loescher Editore S.r.L., Torino, erste Ausgabe 2002, Giorgio Motta, Wir
Für die internationale Ausgabe
© 2015 Ernst Klett Sprachen GmbH, Stuttgart (erste Ausgabe 2003)